カウンセリング
テクニック入門

大谷 彰
Akira Otani Ed.D.

二瓶社

緒　言

　昨今の PTSD を含む解離性障害の激増は、わが国といえどもその例外ではない。海外ではこれに対応すべく、精緻で幅広い技法を発展させた現代催眠療法が注目されて久しい。この方面でのわが国の遅れを取り戻すべく 5 年前に日本臨床催眠学会を興したところ、急速かつ堅実な発展が見られているが、その発展に大きく貢献してくれたのが本書の著者、大谷彰博士である。

　発会にあたってモデルとするアメリカ臨床催眠学会（ASCH）の当時の会長 Appel 博士と文通を交わすうち著者を紹介され直ちに研修会で教鞭をとって頂くことになり、これまでわが国では前例を見なかった上級コースの研修が実現した。そして昨年、第 5 回学術大会会長を勤めていただき、ASCH の現会長 Osler 博士を招いて充実した大会を開催することができた。

　博士の来日にはもう一つの目的、産業カウンセリング研修があると聞き及んでいたが、その内容がこのたび単行本として上梓される運びとなったとのご報告とともに本書の原稿が筆者に手渡された。カウンセリングという領域は精神医学に携わる者にとっては、やや疎遠な感じがしていたが、一瞥してここに述べられる技法は精神医学や心療内科における心理療法的アプローチにも極めて有意義なものであることに気づいた。

　20 世紀はまさに心理療法の勃興、発展そして乱立の時代であった。1980 年頃にはそれぞれの独自性を主張する学派が既に 250 ないしは 300 と数えられ、この学派間の理論や技法の不一致から生ずるジレンマは、心理療法専門職間の意思の疎通を妨げることになっていた。やがて様々な対応策が見られるようになり、適材適所の鑑別治療や、様々なレベルの折衷、共通因子アプローチ、理論的統合などへと努力が重ねられており、その動きは着実に進んでいる。

　本書も治療乱立の解決法としてこれらの理論的相違の立場を離れて、カウンセリングに共通して見られるプロセスに目を向けてこれを整理し、治療技能を高めようとするものである。認知行動心理学の立場からの説明も散見されるが、

これらは極めて常識的なものであり分析派治療者といえども理解しやすく、全ての学派に通ずるものであろう。それにしても、筆者は行動療法が米国精神医学においてまだマイナーな存在である時期にこれを学び、治療者患者関係の考慮の乏しさ、病態への注目が局所的にすぎることなどにことあるごとに批判を加えてきたが、その行動療法が認知の革命を経て心理療法界の混乱を整理統合する役割を担うほどに成長したことに隔世の感がある。

　心理療法の需要はこれからも加速度的に高まると予想されるが、これに応じて治療技法学習の促進や治療効率の向上などが痛感される現状に鑑み、本書が唱えるような、学派理論に偏しない理解しやすい技法を開発することの意義は大きい。本書に類する参考書は以前にも接したことがあるが、本書はそれに比してあきらかに優れている。それは著者がこの技法の発祥の国で指導者の役割を担った経験に起因するところが大きいであろう。

　本書の表題はカウンセリングとされているが、カウンセリングと心理療法は治療対象が異なるとはいえ技法は相通ずるものであり、本書は精神科医、心療内科医、臨床心理士、カウンセラーなど、心の健康に携わるすべての専門家に必読の書として推薦する次第である。

日本医科大学客員教授
日本臨床催眠学会理事長
アメリカ臨床催眠学会フェロー　認定指導者

高　石　　昇

まえがき

　Counseling has come of age. 日本語になおすと「カウンセリング時代の到来」という意味である。インターネットのGoogleサーチで試しに「カウンセリング」を入力してみたところ、何と376,000件の検索結果が見つかった（平成15年5月3日現在）。この数字を裏付けるかのように、街角の書店にはカウンセリング関係のコーナーまで設けられ、入門書から高度な専門書までさまざまな書籍が山と積まれている。こうした現象は、単なるカウンセリングへの興味を示すのみならず、社会の急速な変化と複雑化の結果、専門カウンセラーの役割とその重要性が日本でもようやく認識された事実を反映したものと思われる。その証拠に、カウンセリングの必要性と需要が高まるにつれ、産業カウンセラーや臨床心理士といったカウンセリングの資格も相次いで制定され、最近ではアメリカやカナダ、ニュージーランドでも認められている多国籍キャリア支援援助者（GCDF; Global Career Development Facilitator）などの国際的な資格も取得可能となった。本格的な専門カウンセラー養成制度が日本で確立されたのである。

　カウンセリングが日本社会に定着したことは喜ばしいが、残念ながらカウンセラーの訓練やカリキュラムについては未だ標準化されていない。特に本書のテーマであるカウンセリングの技法に関しては、ごく初歩的ないくつかのテクニックや、特定の理論で用いられる技術が紹介されているだけにとどまり、カウンセリングの技法を系統的に幅広く解説したテキストは見当たらないようである。殊にカウンセリング技法に影響を及ぼす条件や、さまざまな技術を理論的に位置付ける試みにいたっては、これまでのテキストではほとんど論じられることがなかった。この結果カウンセラーは、クライアントの問題や状況にかかわらず、少数の限られた基本技術をおざなりに繰り返すか、自分の信奉するカウンセリング理論のテクニックをクライアントに押し付けることを強いられがちであった。これではクライアントの個性を尊重し、よく言われる「クライ

アント中心」のカウンセリング精神は無視されることになってしまう。

　本書は、現在米国の大学院レベルの専門カウンセラー養成プログラムで教えられているカウンセリングの基礎技法を解説したものである。米国で basic helping skill（基礎援助技術）と呼ばれるこれらの技法は、カウンセリングのみならず、医学や心理学、看護学、教育学、社会福祉などの分野でも基礎訓練の一環として取り入れられている。カウンセリングを専攻する学生たちは、まずこの基礎の技術を修得し、さらに高度な技法へと進んでゆくのである。

　本書で紹介する技法は、カウンセリングの進行過程にそって構成され、これに行動分析と認知行動理論と呼ばれるアプローチがさらに加えられたものである。これらの方法論の導入により、これまで困難とされていたカウンセリング技法の修得が合理的となった。本書ではカウンセリングの基本とされる 13 の技法について理論的な説明をし、それらの一つひとつに複数の応用例を示した。特に傾聴技法と活動技法に関しては、クライアントの同じ発言を繰り返して事例に引き、それぞれのテクニックの特徴やニュアンスの違いについて解説を試みた。またこれまで技法として取り上げられることのなかった沈黙や反復・語調反射といった技法、抵抗の判断と処理、クライアントの問題定義、目標設定などのカウセリング技術についても説明を加えた。1986 年以来、筆者はこれらの技法を米国の大学院で教えてきたが、こうした訓練の方法も日本の読者にとっては興味深いトピックかもしれない。こう考えて、「カウンセリング技法訓練の実際」と題して本書に収めた。読者の参考になれば幸いである。

　本書の出版に当たり数多くの方々のお世話になった。特に、米国では William H. Cormier 教授からカウセリング基礎技術の手ほどきと認知行動療法を、故 Kay F. Thompson 博士からはエリクソン流の臨床催眠を直接指導していただくという、願ってもいない幸運に恵まれた。臨床家の Sally Winston 博士からは技法を用いるカウンセラーの人間性と治療関係の重要性を体験を通して学ばせていただいた。日本では日本臨床催眠学会の高石昇博士から本書の緒言はじめ、多大なご教示を頂いたのは光栄の限りである。こころからお礼を申し上げたい。本書を通じて読者がこれら碩学の知識と経験を少しでも味わうこ

とができれば喜びである。また本書の出版を快諾してくださった二瓶社の吉田三郎社主にも感謝したい。最後に、本書を父の霊前と母に捧げる。

　米国でスタンダードとなった、本書で述べるカウンセリング基礎技法が日本でも広く採用されることを祈ってやまない。

　　2003年12月6日

　　　　　　　　　　　　　　　　　　　　米国メリーランド州、カレッジパークにて

　　　　　　　　　　　　　　　　　　　　　　　　　　　大谷　彰

目　次

緒　　言 ……………………………………………………………… *iii*
まえがき ……………………………………………………………… *v*

第1章　カウンセリング技法を取り巻く基礎概念　　*1*

カウンセリングの技法とは何か？ …………………………………… *1*
　　既存のカウンセリング理論に基づく技法　　2
　　カウンセリングの進行過程に基づく技法　　3
　　特定の状況、目的にかなった技法　　4

カウンセリングの技法と効果の関係 ………………………………… *5*

カウンセリングの技法をとりまく諸条件 …………………………… *7*
　　人間中心理論による条件　　7
　　社会的影響条件　　9

ま と め ……………………………………………………………… *12*

第2章　クライアントの観察技法　　*13*

クライアントの観察が重要な理由 …………………………………… *13*

非言語要素とは何か …………………………………………………… *16*
　　身　振　り　　17
　　表　　情　　19
　　生理反応・反射、体つき・身体特徴、容姿　　21
　　声と話し振り　　21
　　身体スペースと時間概念　　22

ま と め ……………………………………………………………… *23*

第3章　傾聴技法：聴き方の基礎技術　　　25

- 傾聴技法とは何か……………………………………………………… 25
- 明確化：あいまいな発言をはっきりさせる技法……………………… 27
- 感情反映：感情に焦点を当てる技法…………………………………… 30
- 言い換え：感情以外の事柄を意訳する技法…………………………… 35
- 要約：複雑な発言を整理する技法……………………………………… 38
- ま と め………………………………………………………………… 40

第4章　活動技法：精緻な聴き取り技術　　　41

- 活動技法とは何か……………………………………………………… 41
- 探索：特定の情報・回答について尋ねる技法………………………… 42
- 矛盾提示：言葉や態度の矛盾を指摘する技法………………………… 45
- 解釈：行動の全体像や隠れたパターンを顕在化させる技法………… 49
- 情報提供：クライアントに有益な情報を提供する技法……………… 54
- ま と め………………………………………………………………… 57

第5章　傾聴・活動技法以外のカウンセリング技法　　　59

- リフレーミング：発言内容に新しい解釈・意味を与える技法…… 59
- 語調反射：発言の語調や態度に焦点を合わせる技法………………… 63
- 自己開示：カウンセラー自身の反応を打ち明ける技法……………… 68
- 反復：発言を繰り返す技法……………………………………………… 71
- 沈黙：クライアントの緘黙に接する技法……………………………… 75
- ま と め………………………………………………………………… 79

第6章　クライアントの問題を定義づける技法　　81

　問題定義に関する語義について ··· *81*

　カウンセリング理論と問題定義の関連 ······································ *82*

　A-B-Cモデル：特定性と的確性による問題定義 ······················ *86*

　　特定性の諸次元　　*86*

　　的確性の構成要素　　*87*

　　的確性と時間的要因　　*87*

　　A-B-Cモデル　　*88*

　A-B-Cモデルの具体例 ··· *90*

　問題定義に役立つその他の探索事項 ··· *94*

　　過去の問題解決の試み　　*94*

　　過去のカウンセリング経験　　*95*

　　問題に対する反応　　*96*

　　災禍歴、既往症、その他の関連情報　　*96*

　ま と め ·· *96*

第7章　目標を設定する技法　　99

　カウンセリング理論と目標設定 ··· *99*

　目標設定の特長 ··· *100*

　理想的な目標の特徴 ·· *103*

　目標設定の技法 ··· *104*

　　最終目標の設定　　*105*

　　目標の具体化・現実化　　*106*

　　目標達成に伴う利益・損失の評価　　*107*

　　小目標の設定　　*109*

　目標設定のプロセス：禁煙を例として ···································· *111*

　ま と め ·· *114*

第8章　抵抗とその対応技法　　115

抵抗の理論的背景···116

抵抗の分類···119

抵抗を扱うカウンセリング技法·································124
   傾聴・活動技法の応用　*125*
   逆説技法　*126*

ま　と　め··*128*

第9章　カウンセリング技法訓練の実際　　129

米国大学院での技法訓練の実際·································130
   授業構成とカリキュラムについて　　*130*
   非言語要素の観察訓練　*132*
   個々の技法訓練　*133*
   技法を組み合わせた訓練　*135*
   ロールプレーによる訓練　*136*
   技法訓練におけるビデオの利用　*138*
   抵抗の処理訓練　*139*
   評　　価　*140*

ま　と　め··*141*

第10章　進行過程による技法を超えて　　143

カウンセラーの理論的立場と技法の選択·····················*143*

カウンセリング理論に基づく技法······························*144*
   分析的理論による技法　*145*
   実存・人間主義的理論による技法　*146*
   認知理論による技法　*147*
   行動理論による技法　*148*

システム理論による技法　　149
特定の障害の治療を目的とした技法……………………………149
ま と め………………………………………………150

参考文献………………………………………………151
人名索引………………………………………………158
事項索引………………………………………………159
著者紹介………………………………………………162

　　装幀・森本良成

第1章　カウンセリング技法を取り巻く基礎概念

カウンセリングの技法とは何か？

　カウンセリングの技法は、その特徴から3種類に分類することができる。まず第1は、フロイドの精神分析理論やロジャーズの人間中心理論、日本独自の森田正馬考案による森田療法で用いられる技法といった、既存のカウンセリングの理論に基づく技法である。2番目の技法は、カウンセリングの進行過程から考案された技法である。これらは「面接法」とか「ヘルピング技術」という用語で呼ばれ、カウンセリングの初期、中間期、終了時といったそれぞれの時期において用いられる数々の技術の総称である。これには、入導時に用いるラポールづけのテクニック、中間期におけるクライアントの感情や思考を正確に把握する技術、また「抵抗」の対策テクニックなどが当てはまる。3番目のカウンセリング技法としては、特定のクライアントや目的のために使われるカウンセリングのテクニックが考えられる。これには、メンタルヘルスにおけるうつ病のカウンセリングとかキャリア分野での管理職を対象にしたカウンセリングなどをはじめ、心理テストの解釈を行なう際の面接技術、学校カウンセリング、異文化カウンセリング、医療カウンセリングといった専門化された技術が相当する。これら3種類の技法は、それぞれ別個の技術というよりも、カウンセリングの実践において必要に応じて活用されるべきものである。カウンセラーは技法修得に当たりこの分類を理解することが望ましいので、それぞれについて以下にもう少し詳しく述べてみよう。

既存のカウンセリング理論に基づく技法

　通常、カウンセリングの技法という場合、特定のカウンセリング理論から派生したものをさすことが多い。先に挙げた精神分析や人間中心療法、また森田療法にはそれぞれ独自のテクニックが用いられており、これらの理論を学ぶことはその技術を習得することを意味し、おのおのの技法一つひとつには、その背景にある人間観や治療原理が反映されている。例えば、よく知られているように精神分析における治療の基本概念は「無意識の意識化」であり、核心とされる「解釈」といった技法は必然的にこの概念から創意工夫された手段である（第10章参照）。これに反し、無意識はロジャーズの人間中心理論や森田理論では重要視されていないため、精神分析的な解釈は使われず、「感情の反映」（ロジャーズ）や「精神交互作用の打破」（森田）といった、精神分析とはまったく違うカウンセリング技術が用いられることになる。こう考えてみると、カウンセリングの理論と技法は切り離すことのできない関係にあることが分かる。従って、テクニックだけ学びその背景にある理論を無視することは無意味かつ不可能であるといってよい。

　カウンセリングの理論は極めて多種多様であるが、技法的立場からは次の5つに大別できる。

・**分析的理論を中心とする技法**　精神分析および分析的療法（フロイド、ユングおよび新フロイド派）、対象関係理論（クライン、カーンバーグ）、自己心理学（コフート）、対人関係療法（ベンジャミン）。
・**実存・人間主義的理論による技法**　人間（来談者）中心療法（ロジャーズ）、ゲシュタルト療法（パールズ）、実存療法（メイ、ヤーロム）。
・**認知理論を中心とする技法**　理性感情行動療法（エリス）、認知療法（ベック、ゴールドフリード）、認知行動療法（マイケンバーム）、森田療法（森田）、個人心理学（アドラー）、交流分析（バーン）、現実療法（グラサー）、ナラティブ療法（ホワイト、エプストン）、内観法（吉本）。
・**行動理論を中心とする技法**　系統的脱感作（ウォルピ）、漸進的筋肉弛緩

（ジェイコブソン）、応用行動分析（ビジョウ、ベアー）、社会的強化（バンデューラ）、オペラント条件づけ（スキナー）、エキスポージャー／フラディング（マークス）、EMDR（シャピロ）、催眠療法（成瀬、高石、エリクソン）、瞑想法（ベンソン、キャバット-ジン）、自律訓練法（シュルツ、ルーテ）。

・**システム理論を中心とする技法**　逆説療法（ワツラウィック）、家族療法（マイニューチン、ボーエン、マダネス）、フェミニスト療法（ブラウン、ギリガン）、戦略的療法（エリクソン、ヘイリー）。

大まかなリストであるが、多種多様のカウンセリング理論が存在し、それゆえ極めて多くの技法があることが歴然とする。カウンセラーがこれらの理論と技法すべてに熟達することは、当然不可能である。それゆえ専門にカウンセリングを学ぶ者は、自分の価値観や好みに合う理論を選び、それによってテクニックを身につけることになる。しかしこれらの技法は習得が難しいとされ、理論によっては例えば精神分析のように相当な時間を要する技法もあり、カウンセラーは次に述べる進行過程による技法の修得から始めることになる。

カウンセリングの進行過程に基づく技法

カウンセリングの理論から成立した技法に対し、2番目の部類に属する技法はカウンセリングの進行過程、すなわち時差的側面から考案されたものである。進行過程から体系づけられた代表的な技法としては、イーガン（Egan, 1975, 1994）のアプローチが有名である。彼はカウンセリング過程をクライアントの自己探求期、力動的理解期、実行期の3段階に分け、それら各段階からカウンセリング技法を提唱した。またコーミエーとコーミエー（Cormier & Cormier, 1998）は進行過程の立場と行動分析的な見解を融合させ、カウンセラーの援助技術を「傾聴（リスニング）」と「活動（アクション）」技法という2種類の技法に大別している。コーミエーらによると、傾聴技法はカウンセリング過程における導入期に、活動技法はクライアントとカウンセラーとの間に傾聴技法に

よって信頼関係が成立した中間期以降に応用されるテクニックである。またヒルとオブライエン（Hill & O'Brien, 1999）はカウンセリングのプロセスを探求期、洞察期、活動期に分け、それぞれの期間で用いられるべきカウンセリング技術を精神分析的、人間中心的、および行動的理論の立場から考察した。技法分類の方法論に多少の違いがあるとは言え、これらの理論家に共通するのは、カウンセリング技法をプロセスの観点から分析し考案していることである。カウンセリング技法を進行過程から体系化するこうした試みは、複雑とされる技術を明確にするだけでなく、技法を組織化して修得の能率化をはかった。こうした理由から、進行的アプローチによる技法訓練はカウンセラー訓練の基礎となり、前出のカウンセリング理論による技法学習の先駆けとされるようになった。現在の米国大学院での専門カウンセラー養成プログラムでは、まず最初にカウンセリング・プロセスに基づく援助（ヘルピング）技術を教え、それを基盤にして各個人の選んだカウンセリング理論による技法を修得させる２段階制をとっている（訓練の実際については第９章参照）。本書で解説するカウンセリング技法も、カウンセリングの進行過程から系統づけられた技術を中心としている。

特定の状況、目的にかなった技法

　カウンセリング技法には、理論や進行過程から考案されたテクニックだけでなく、ある特定の状況や場面、もしくは限られたクライアントに応用される種類の技術も考えられる。一例を挙げるなら、企業内でリストラにあった会社員に対して心理的なサポートを与え、職業適性検査などを通じて他の職場への再就職の世話をするカウンセラーは、キャリア・カウンセリングの理論と技術に熟練していることが前提とされる。同じことは、メンタルヘルスや学校カウンセリング、また児童・老人・結婚・グループカウンセリングといった分野についても当てはまる。最近話題となった心的外傷後ストレス障害（PTSD）や神経質と呼ばれる不安障害のクライアントの治療にたずさわるカウンセラーは、段階的セラピー（the phase-specific therapy; Brown & Fromm, 1986; Herman,

1997）や森田療法（森田、1960）の技法に熟達していることが要求される。こういった特定のクライアントを対象とするカウンセラーは、それぞれのグループや分野についての専門知識（例えばキャリア理論や臨床病理）と特殊情報（市場労働や障害特性など）、およびそれらを応用するカウンセリング技法を修得していなければならない。従ってこれらはカウンセリングの特別技法と見なされるべきであり、その修得にはカウンセリング理論と進行過程による技法以外に高度な専門知識と幅広い訓練が必要とされる（第10章参照）。

カウンセリングの技法と効果の関係

こうした多種多様にわたる技法はカウンセリングの実践において、一体どのような効果をクライアントに及ぼすのであろうか？　これはカウンセリング研究の一つの中心的課題であり実証的に解明されるべきであるが、これまでの研究により4種類の効果のあることが知られている（Kanfer & Goldstein, 1991; Rudestam, 1980）。まず第1に、カウンセリング技法はクライアントの思考、期待、意思といった認知（cognition）に変化を与える。認知理論と呼ばれる一群の理論に基づくカウンセリング技法は、その名の示すようにクライアントの誤った思考方法や固定観念、また葛藤を起す原因となる認知の矯正に特に威力を発揮するテクニックとして知られる。第2に、カウンセリング技法は単に認知面だけでなく、クライアントの気分や感情・情緒といった情動（affect）の変化にもさまざまな影響を及ぼす。グリーンバーグ（Greenberg, 2001）の提唱した「感情集中療法」（emotionally focused therapy）をはじめ実存的・人間主義的理論による技法やロジャーズの人間中心療法などはすべて感情に焦点を置く「情動中心」のテクニックと見なしてよい。カウンセリングの及ぼす3番目の効果はクライアントの行動（behavior）、すなわち行為や活動の側面である。行動療法と呼ばれる一群の技術は、学習理論の立場からクライアントの行動そのものの変化や修正、消去を目指す技法であり、これの顕著な例である。最後にカウンセリング技法のもたらす第4の利益としては、生理的効果が

挙げられる。漸進的筋肉弛緩（progressive muscle relaxation [PMR]）や自律訓練法（autogenic training [AT]）、瞑想法、催眠法といった技法は副交感神経を賦活して心身のリラクセーションをもたらすことがひろく知られている。このようにカウンセリングの諸技法が認知、情動、行動および生理という4つの分野に広範囲に影響を及ぼすという事実は、クライアントの複雑な問題に対しても理論的分析を可能にし、また効果的解決策を与えることを示すものである。

　これをあらわす具体例として、対人恐怖に悩むクライアントを考えてみよう。認知レベルにおいてこのクライアントは、「もし人前で失敗したら」とか「もし他人に不快感を与えたら」という予期恐怖の考えや憶測にとらわれやすい。同時に感情面では絶え間ない不安と焦燥にかられ、その結果行動場面でも外出拒否といった悪影響が見られることになる。そして生理面では不眠、動悸、食欲不振といった不安の身体的反応の出る可能性が高い。こうした認知、感情、行動、生理の一つひとつの反応に対して細心の注意を払い、そのクライアントに最も適したカウンセリングの技法を用いて援助することがカウンセリングの理想である。しかしこれとは反対に、もしカウンセラーが自分の気に入った1つや2つの技法だけ（例えば感情の反映や繰り返しなど）をすべてのクライアントに用いるとすればどうであろうか？　カウンセリングの入門テキストにはこの種の単純化されたアプローチがよく見かけられるが、人間行動の複雑さを考慮すると、このような技法は効果がないばかりか、場合によっては逆効果を生むことにもなりかねない。かつて心理学者のアブラハム・マズローは「金槌の使い方しか知らない者はすべての物を釘と見なす」と述べたことがあるが、カウンセリングの技法を修得する際にこのマズローの言葉はまさに的を射ていると言えよう。カウンセリングの理論、技法に幅広く慣れ親しみ、また自分の専門とする分野の高度な技術にも熟練していることが、カウンセラーには要求されるのである。

カウンセリングの技法をとりまく諸条件

　カウンセリングの技術、テクニックを習得し上達することは大切であるが、それだけですぐに技法が効果的に活用されるとも限らない。忘れてはならないのは、カウンセリングとはカウンセラーとクライアントという2人の人間のあいだに成立する一種の対人関係である、という事実である。そこにはさまざまなルールや原則が存在しており、これらを無視してはクライアントの人格の成長や行動の変化は起こらない。では一体どのような条件のもとにカウンセリングの技法が「活きて」くるのであろうか？　これまでのカウンセリングの研究によると、次の条件が知られている。

人間中心理論による条件
　カール・ロジャーズ（Rogers, 1957）は、当時来談者中心療法と呼ばれた理論的立場からカウンセラーとクライアントとのあいだの理想的条件を考察した。彼は「必要かつ十分」なる3つの具体的条件を提起し、これらの条件がそろえばカウンセリングの技法の有無にかかわらず、確実にポジティブな治療効果が現われると想定した。この3条件が良く知られている（1）カウンセラーの自己一致（congruence）、（2）無条件な肯定的配慮（思いやり）(unconditional positive regard)、そして（3）クライアントの内面世界の共感的理解（empathic understanding）、である。第1のカウンセラーの自己一致とは「透明性」とも言えるもので、自己の内に流れる感情や思考といった即時的経験に対してカウンセラーが防御的にならずオープンである態度を言う（Rogers, 1961）。クライアントの話を聞きながら驚くときには驚き、悲しむときにはその悲しみをありのままに受け入れるのである。この考えは、ロジャーズ自身も述べているように極めて東洋的な価値観を反映しており、日本の森田療法でも「純な心」という類似する概念が論じられている（森田、1960）。

　ロジャーズの提案した2番目の条件は、カウンセラーのクライアントに対する無条件の尊重である。これは「もし、こうであれば」とか「この点について

は」といったクライアントに対する条件付きの思いやりや受け入れ態度ではなく、クライアントの全人格をありのままに肯定・受容する態度である。クライアントの人間性そのものに対する根本的尊重とも言ってよい。ただここでひとつ問題が生じる。もしクライアントが犯罪者であったりカウンセラーにとって受け入れることのできない行動や考えを表明した場合、カウンセラーはいったいどう対処すればよいのであろうか？　ロジャーズはこの矛盾をついた問いかけに対して、「罪を憎んで人を憎まず」的回答を示した。すなわち、クライアントの反社会性や残虐性に富んだ行為そのものは決して受容されるべきではないが、その人物の過去や生い立ちを考えるとそういった行為に走らざるをえないのであろうとする立場である（Rogers, 1967）。この返答は彼の人間的中心療法の中核的技法とも言える、クライアントの内面世界の共感的理解を反映したものであることは言うまでもない。

　ではこの3番目の条件とされる共感的理解とは、一体どういったことを意味するのであろうか？　晩年にいたってロジャーズは、共感を次のように定義づけている。

〔共感とは〕他人の閉ざされた知覚の世界に入ってそれに十分に精通することである。それは他の人の内面に刻々と流れ変化しつづける感じられた意味合い（felt meaning）や恐れ、怒り、優しさ、迷いといった事柄について一瞬たりとも怠ることなく敏感に注意を払うことを言う。一時的に他人の生き方のなかに入ってみるのであるが、善し悪しの判断はひかえる。……中略……つまりその人の内面世界における頼りがいになる連添いと言ってよい。
（Rogers, 1975）

　この定義からわかるようにロジャーズは、共感と先に述べた無条件の思いやりとは不即不離の関係にあると見なしていたのである。長年にわたる彼の臨床経験および研究結果から、ロジャーズはついに「共感は明らかに肯定的な結果をもたらす」と断言するにいたった。さらに一般の人間関係においては自己一

致が最も大切であるが、カウンセラーとクライアントとの援助関係においては共感の方がはるかに重要だ、とも彼は結論づけている（Rogers, 1975）。こうしたロジャーズの見解は、一般に信じられているように「共感＝感情の反映」といった単純なものではなく、カウンセラーの「共感＝真の思いやり」という彼の深い真情を裏付けるものである。この観点からロジャーズは晩年、共感は技法ではなく態度（"a way of being"）と見なすまでにいたった。

　カウンセラーの自己一致・無条件の肯定的配慮・共感の3条件はその後の研究によって、必要条件ではあるが十分条件ではないことが報告されている（Teyber & McClure, 2000）。これはロジャーズの主張に反して、これらの3条件だけではカウンセリングにおいてポジティブな効果は必ずしも期待できないことを意味する。しかしながら同様に、カウンセラーの単なる小手先の技法の応用だけでは良い結果は期待できないのもまた事実である。やはりカウンセラーのクライアントに対する尊敬、思いやりのこもった理解、また自分自身に対する偽りのない率直性といった態度と、優れた技法の両方がそろって、初めて成果が出ると考えられる[1]。

社会的影響条件

　ロジャーズの提案した3条件以外にも、カウンセリング技法を取りまくさまざまな条件が、最近の研究により明らかにされている。そのなかでも特に有名なのは社会影響理論（social influence theory）による条件であろう。この理論

---

[1] ロジャーズの理論以外にも、カウンセラーとクライアントの関係を重要視する概念として"working alliance（ワーキング・アライアンス）"がよく知られている（Bordin, 1979; Gelso & Carter, 1985; Greenson, 1967; Horvath & Greenberg, 1986; Horvath & Symonds, 1991; Multon, Ellis-Kalton, Heppner, & Gysbers, 2003）。Working alliance は日本語に訳しにくい用語であるが、カウンセラーとクライアントの「共同関与」と考えるとよかろう。ボーディン（Bordin, 1979）は、（1）カウンセリングの目標、（2）目標達成に必要な課題、（3）カウンセラーとクライアント間の結束、を working alliance の3要素と定義している。最近の計量的研究によると、working alliance はカウンセリングの成功に大きく（30〜40パーセント）貢献する要素であると報告されている（Gelso & Carter, 1985; Horvath & Luborsky, 1993）。

はカウンセリングを対人関係の一形態と見なし、カウンセラーの役割をさまざまな意図的「影響力」を行使してクライアントの行動や態度を肯定的に変化させる試みと規定する（Strong, 1968）。さらに、カウンセリング過程におけるカウンセラーとクライアントの対人関係は、既存の社会影響法則により十分説明がつくと見なす（Strong & Claiborn, 1982; Weary & Mirels, 1982）。この理論で特に注目されるのは、カウンセラーの影響力がクライアントのカウンセラーに対する信頼感によって増大し、不信感によって減少する、という認識である。では一体、クライアントがカウンセラーを信認する条件とはどのようなものであろうか？　数々の要因がこれまでに分析されたが、それらのなかで3要素が特に重要であることが実証されている。すなわちカウンセラーの（1）熟練性（expertness）、（2）魅力性（attractiveness）、そして（3）信頼性（trustworthiness）である（Hoyt, 1996; Strong, 1968; Zamostny, Corrigan, & Eggart, 1981）。社会影響理論によると、これらの3要素はカウンセラーの用いる技法ひいてはカウンセリングの効果そのものにも影響を与える、カウンセリングには欠かすことのできない条件とされている。

　第1の熟練性とは「適格性」とか「有能性」という言葉で表現されるカウンセラーの特性であり、前出のイーガンやコーミエーらもコンピテンス（competence）という英語の同義語で説明を試みている（Cormier & Cormier, 1998; Egan, 1994）。この言葉は日本語で言う「実力」とか「腕前」とほぼ同じ意味と思ってよい。技法的観点から定義するなら、熟練性とはクライアントを助けるためにカウンセラーが用いる優れた言語および非言語による技術能力を言う。これを直接体験することによりクライアントはカウンセラーに対する信頼を高め、その結果カウンセリングの効果が上がると社会影響理論は教えている。また熟練性は、知識や面接技術といったカウンセラーの内的条件だけでなくいろいろな外的条件、例えば評判や著明度さらには服装やオフィスの装飾といった要因でも決められることがある。つまり実力以外にもクライアントが受ける印象によっても熟練性は左右されるため、カウンセラーは専門家としての「印象管理」（impression management）にも注意を払うことが要求されるのである。

社会的影響要素の第2はカウンセラーの魅力性である。ここで言う魅力とはカウンセラーの容姿や身なりといった外観の要因だけではなく、明るさや朗らかさなどの内面的な要素も含まれている。ズロットロウとアレン（Zlotlow & Allen, 1981）の研究によると、外面的魅力に富んだカウンセラーはラポールづけをねらいとするカウンセリングの初期段階においてはクライアントに好感を与えるが、時間の経過と共にその影響は薄れてゆく。ところが内面的魅力のあるカウンセラーは後期になって良い印象をクライアントに与える。この研究結果は魅力性のカウンセリング技法に与える影響が外から内に進む事実をあらわすものであろう。

　コーミエーとコーミエー（Cormier & Cormier, 1998）は、カウンセラーの内面的魅力を促進する条件として非言語的要素（アイコンタクト、前かがみの姿勢、ほほ笑み、うなずき）と言語的要素（面接の説明づけ、適切な自己開示）といった数項目を挙げている。しかしクライアントの立場から言うなら、言葉と態度を通じて自分に細かい注意を払い、カウンセリング過程をはっきりとさせ、しかも親しみと人間性を感じさせてくれるカウンセラーに最も魅力を感じると言えよう。外的魅力と違い、内的魅力は対人関係のコミュニケーションの結果である。この内的魅力が増すほどカウンセラーはクライアントに影響を与えることになり、技法効果も高まってゆくと考えられる。

　熟練性、魅力性とならぶ3番目の社会的影響要素は信頼性（trustworthiness）である。ストロングとクレイボーン（Strong & Claiborn, 1982）は信頼性をカウンセリングの必須条件と見なし、先に述べた熟練性と共にカウンセラーに社会的権限（social power）を与える基本的要因と述べている。言い換えるなら、クライアントのカウンセラーに対する信頼なしにはカウンセリングはありえないのである。信頼性に作用する要素はいろいろ考えられるが、すでに前節で述べたロジャーズのカウンセラーの自己一致（congruence）はその中でも特に重要である。カウンセラーの言うこと（言葉）となすこと（行動）との間に矛盾がなく、クライアントに対して常に安定した率直な態度で接する。簡単なように聞こえるかもしれないがカウンセリング、または広く人間関係一

般においてこういった恒常性を保つことは非常に難しい。特にこころに傷を負った人々にとって他人を信頼することは危険感を伴うことが多いだけに、クライアントの信頼をカウンセラーが勝ち得ることは困難と言うだけでなく特に大切と言えよう。

ロジャーズの人間中心的理論による条件と同じく、ここで述べた3種の社会的影響条件はカウンセリング技法においてカウンセラーとクライアントの人間関係がいかに大切かを物語っている。つまり同じ技術、テクニックを使っても熟練性、魅力性、信頼性の高いカウンセラーはクライアントに大きな影響を与えることができるのに対し、これらの要素の低いカウンセラーはそれ程よい成果を上げることができないことになってしまう。こう考えるとカウンセリング技法は、それを実践するカウンセラーと切っても切れない関係にあるのである。優れた技術やテクニックも、カウンセラーによって活きてくるのであり、技法だけを学ぶことは有害ではないにしろ、それほどの効果は期待できないであろう。それゆえカウンセリングを学ぶものは、テクニックだけでなく自分自身を磨くことも必要となるのである。

まとめ

カウンセリングの技法と言うと単に技術的側面だけを考えがちであるが、その成り立ちに関する論理的背景、またさまざまな技法の効果と影響、それらの活用される諸条件を理解することは、その修得において極めて大切である。カウンセリングの理論や過程から捻出された技法もあれば、特別な状況やクライアントに対して用いられる技術もある。これらの技法は、クライアントの思考と情動、行動、生理面に影響を与えることが知られている。また特に忘れてならないのは技法は、それを実践するカウンセラーと密接な関係があり、技術面だけでなくカウンセラーの人間性そのものにも深くかかわっている。専門家としてのカウンセラーを目指すものは、こういった要素についても理解する必要がある。

第2章　クライアントの観察技法

　カウンセリングの進行過程に合わせて創成された技法の修得は、まずクライアントの観察技術からはじまる。クライアントのさまざまな行動はカウンセラーにとって重要な情報源であるが、それを入念に観察する技術はカウンセリングの技術訓練で見落とされることが多い。これは、クライアントの発言を「聴き」それに上手に「答える」ことだけがカウンセリングである、と誤解する結果と思われる。確かにクライアントの発言はカウンセリングにおける大切な要因であるが、クライアントの態度や行動、とくに身振り・態度・表情・口調・声の抑揚・服装・眼差しといった非言語要素の役割は、カウンセラーがクライアントを理解するうえにおいて予想以上に重要であることが報告されている。メラビアンの研究によると、われわれが他人に対して抱く印象は55パーセントが表情、38パーセントが声、つまり9割以上が言葉以外の要因によって決定される（Mehrabian, 1971）。興味深いことに発言内容の占める比率は最小で、わずか7パーセント足らずであった。この数字から推測する限り、カウンセリングにおいても言葉よりも非言語によるコミュニケーションの方が予想以上に大きな影響を与えると考えられる。それゆえ言語技術の修得にさきがけて、カウンセラーはクライアントを的確に観察する技術をしっかり身につけねばならない。

クライアントの観察が重要な理由

　カウンセリングを含めた対人間の意思疎通において、身振りや表情・口調といった要素がこれほど重大な影響を及ぼす理由のひとつは、非言語行動が発言

の意味そのものを大きく決定するからである。同じ言葉を用いた発言でも、それがどのように表現されるかによって、その意味合いが違ってくるのは日常よく経験するところである。例えば、クライアントが「本当に困りましたよ」と苦笑しながら言った場合と、ため息をつきながら弱々しい声で語った場合では、同じ発話でもまったく違った内容のコミュニケーションになってしまう。この例が示すように、非言語によるコミュニケーションを度外視して、言語レベルだけでクライアントを理解しようとすることは無理無謀である。

　クライアントの注意深い観察がカウンセリングで必要とされるもうひとつの理由は、クライアント自身すら気づいていない感情や思考が、非言語行動として表わされるからである。失言や言い間違いは別として、話し言葉はクライアントによって意識的にコントロールされた情報であるが、表情や生理反応などはクライアントの無意識の心理状態を反映していることが多い。このためクライアントの発言とボディランゲージとのあいだにズレが生じた場合、話し言葉よりも非言語要素に、クライアント自身の認識していない生々しい感情や思考が直接表われると考えてよい。このような情報はカウンセリングにおいて極めて貴重であり、それを正確に観察し把握する技術がカウンセラーには要求される。一例として、クライアントが緊張した面持ちで「何の心配もありません」と述べた場合を考えてみよう。この場合、言語レベルでは不安のない状態が伝えられている。しかし発言内容だけでなく、強張った表情という非言語要素にも注意を払うことにより、クライアントの胸のうちに潜む心理的葛藤に焦点を当てることが可能になる。後に解説する矛盾提示技法（第4章）や語調反射（第5章）などは、こうした非言語要素の特徴を利用した技法である。

　クライアントの観察が重要とされる3番目の理由としては、クライアントを特色づける文化背景の多様化があげられる。クライアントの文化背景とは、その個人の生まれ育った地域と時代に共有される行動と生活様式の総称と見なすことができる。歴史的に日本文化は均等性の高い文化（homogeneous culture）とされてきたが、最近ではクライアントの国籍や経済状態・教育レベル・生活環境・価値観といった特色が多彩になり始め、多様性文化の社会

（multicultural society）へと急速に移行しつつある[2]。しかしながら文化の多様化は、同時にまたクライアントの行動の複雑化を意味するものであり、カウンセラーの理解を困難にする。均等性社会ではクライアントの行動が画一化されるためクライアントの理解も比較的容易であったのに対し、多様性文化ではさまざまな行動様式が混在することになり、クライアントの行動が単純に判断しにくくなる。こうした結果、クライアントの観察が十分になされず、その個人の有する独特な文化的背景がカウンセラーによって見落とされたり誤解されたりすると、カウンセリングが失敗に終わりやすくなりやすい。こうした間違いを未然に防ぐには、先入観にとらわれずありのままにクライアントを観察し、行動に現われた文化を尊重する技術と態度をカウンセラーが身につけることである。

　非言語要素の詳細な観察が実際のカウンセリングにおいてどのような効果をもたらすか、ここでひとつ実例を紹介してみよう。医学催眠の第一人者として名声を博したミルトン・エリクソンは、クライアントの観察を特に重んじた臨床家としても有名であった。ある時、彼のオフィスに一人の美しい女性が訪れ、腕のいい精神科医を探していると言う。彼女は診察室に入ると、そこにあった椅子に腰をかけ、姿勢をただして肩についていた毛くずを何気なく手で取り払

---

[2] いくら均一であっても日本文化を十分に理解しない外国人にとって、日本人同士のコミュニケーションは複雑を極め、理解に困るようである。この点についてアメリカ人のロバート・コリンズはユーモア・エッセイ集「アメリカ頭、日本頭」のなかで次のように述べている。「アメリカ頭には、コミュニケーションとは基本的に話し言葉か文字によるものと信じられている。机をたたいたり、足を踏みつけたり、ネクタイを上に引っ張って首吊りの真似をしたりするといったジェスチャーは、単に話の内容を強調するにすぎない。……中略……日本頭にとって文字や話し言葉によるコミュニケーションは、意思疎通のほんの一部にしかすぎない。これらとほぼ同じぐらい重要なのは腹から腹へと波のように伝えられる情報やフィードバックであり、これらはすべて、かすかな表情の動きや賛成・不賛成を示すのどの奥から出るうなり声、かたく食いしばった歯からもれる突然の息、さまざまなポーズ（例えば居眠りしているとか起きているとか）によってなされるのである」(Collins, 1992)。いわゆる腹芸についてコリンズは書いていると思われるが、日本人の通常意識しない非言語行動を具体的に描写し、さらにそれらがアメリカよりも日本で重視されるとの主張が興味深い。

い、エリクソンに話し始めた。しばらく話を聞いたあと、エリクソンはおもむろに「あなたはもう何年女装しているか？」とその女性に尋ねた。「女性」のクライアントは実は、性的倒錯に悩む男性であったのである。驚いたクライアントがどうして自分の女装が分かったのかとエリクソンに質問したところ、男女間では上半身、特に胸の発育構造の違いから肩へ手を伸ばすしぐさには相違があり、エリクソンはクライアントの身振りが典型的な男性のパターンであることを観察した、と答えている（ローゼン、1996）。エリクソンはまた患者の頸動脈をつぶさに観察して脈拍数を当てることも得意であった（ザイグ、1993）。これほど非凡な観察技術は習得不可能ではないにしろ、相当の時間と努力を要すると思われるが、カウンセリングにおいてクライアントの鋭い観察がいかに大切かを示すものである。

非言語要素とは何か

　カウンセリングにおける非言語行動の役割、および観察の重要性をこれまで検討してきたが、どのような要素を非言語行動と呼ぶのであろうか。クライアントについて観察すべき非言語要素としては、下記の項目が挙げられる（Cormier & Cormier, 1998; Cormier & Nurius, 2003; Egan, 1998; Hill & O'Brien, 1999）。

・身振り（ジェスチャー・動作・姿勢・しぐさなど）
・表情（笑顔・泣き顔・難色・ふくれっつら・仏頂面など）
・生理反応および反射（赤面・身震い・発汗・過呼吸など）
・体つきと身体特徴（体格・体重・身長・顔色・歯並び・刺青など）
・容姿（風貌・身なり・服装・髪型・アクセサリー・化粧など）
・声と話し振り（音声・口調・音量・言葉づかい・語調など）
・身体スペース（対人間距離・座席位置など）
・時間概念（正確／ルーズ・単時性／複時性）

これらのうち身振り・表情・生理反応および反射・体つきと身体特徴・容姿の5つは身体言語（body language）、声と話し振りは準言語要因（paralinguistic elements）と呼ばれる。身体スペースと時間概念は自己をとりまく空間と時間に対する接し方であり、共に個人の性格および生まれ育った文化によって決定される（Cormier & Cormier, 1998; Hall & Hall, 1987）。非言語要素にはこのようなさまざまの違った形態が含まれるが、これらはすべてコミュニケーションの重要な手段である。

身振り

　クライアントの観察に当たって最も明瞭な非言語要素のひとつは身振りである。クライアントの頭・肩・手と腕・脚などによる動作やしぐさ、ジェスチャー、姿勢は貴重な情報源であり、クライアントの文化背景と状況に合わせてそれらを正確に「解読する」ことは、クライアントに対して共感的な理解を深め、積極的なカウンセリング関係の構築を促進させる。しかしこれらの要素をコミュニケーションの文脈から外し、文化背景や個人差を考慮せず、クライアントの感情や思考を推定しようとすると、誤った解釈の原因となりやすいので、絶対に避られねばならない。これは、非言語要素すべてに共通する鉄則である。身振りに関する基本的な知識として、代表的な動作と一般的な意味を下記にリストアップしておく。

頭（首を含む）
・頭を上下に振ってうなずく[3]（賛成・同意）
・頭を左右に振る（反対・否定）
・頭を下に垂れる（失意・落胆）
・頭を上に向ける（困惑・涙をこらえる）

---

[3] 日本語では通常、「頭」の代わりに「首」という言葉を用いることが多い。例えば、首を縦（横）に振るという表現では、正確には振るのは頭であって首ではない。

肩
・肩をすぼめる（意気消沈・落ち込み）
・肩を広げる（自信・怒り）
・肩を突き出す（敵意・興味）
・(歩行中) 両肩を振る（高慢・自己顕示）

手腕
・腕組みする（防御・自信・熟考）
・指先が震える（不安・恐怖）
・拳骨をつくる（怒り・闘争心・恐怖）
・手で目を隠す（羞恥・拒絶）
・手で口を覆う（驚き・恐怖）
・手で顔を覆う（羞恥・自責・恐怖・嫌気）
・(話しながら) 人差し指で相手を指差す（威圧・強調）
・両手を揉む（不安・機嫌取り）
・手で髪の毛をなで上げる（注意引き・誘惑）
・つめを噛む（不安・恐怖）

脚（足）
・足組みする（防衛）
・足組みを繰り返す（不安・焦燥）
・貧乏ゆすりする（不安・焦燥）
・脚を開く（挑発・自己顕示）

　繰り返し述べるが、これらの身振りはクライアントの体調や習癖が原因であることも十分考えられるので、性急な解釈は絶対に慎まねばならない。クライアントの観察技術の指導に当たりビル・コーミエー教授は、「クライアントの貧乏ゆすりは緊張のサインかもしれないし、ひょっとしたら窮屈な下着が原因かもしれない」と笑いながら学生たちによく注意しておられたが、一理あると言えよう。こういった間違いを避けるためにも、非言語要素の理解には十分な

注意を要する。

表　情

　身振りとならび、もうひとつの目立ちやすい身体言語は表情である。表情は情動（emotion）、すなわちわれわれの体験する、人種や文化の違いを超えた人類共通の感情とその反応を表わす。表情分析の研究で知られたエクマンによると、ヒトの表情は基本的に10種類の感情群（怒り・恐怖・悲しみ・嫌悪・軽蔑・驚き・愉快・羞恥・罪悪・自責）から成り立つ（Ekman, 1983; Goleman, 2003）。感情群という用語が示すように、これらはそれぞれ単独の情動ではなく互いに類似した気分や心情から形成され、それらに共通したパターンが顔の筋肉に表われて表情となる。例えば、「気障り」と「激怒」は強弱の差によって区別できるが、共に怒りに関連した情動であり、それゆえ同じ感情群に属すると考えてよい。従ってこれら2つの感情に伴う表情も類似するのである。

　カウンセリングの実践技術として表情観察を利用する際、ディミトリアスとマザレラ（Dimitrius & Mazzarella, 1998）らは特にクライアントの（1）目、（2）口元とあご、（3）眉、の動きに注意を払うことを勧めている。彼らによると、観察の対象となる顔の動きには次のようなものである。

目

・開ける・閉じる
・凝視する
・前後・上下に動かす
・細める
・瞬きする
・パチパチさせる
・凝らす
・回転させる
・上に向ける・下に向ける

口元とあご
- 口を開ける・閉じる
- 口をすぼめる
- 口をとがらす
- 口をパクパクさせる
- 唇を嚙む
- 唇をなめる
- 唇を震わせる
- あごを突き出す
- あごをしゃくる
- 歯をくいしばる
- 歯をカタカタ鳴らす
- 歯を見せる
- 歯をむき出す

眉
- 上げる・下げる
- しかめる
- せばめる
- 八の字にする

その他
- 鼻をしかめる
- 顔を緊張させる
- 脹れっ面する

　表情は情動を直接に反映するため、クライアントの無意識の動きをつかみやすい非言語要素である。しかしエクマンが指摘するように、表情は単一の感情ではなく数種の似通った感情群を表現するので、他の非言語要素と同様その解釈には慎重を期する。

生理反応・反射、体つき・身体特徴、容姿

　これらの非言語要素もコミュニケーションにおいて極めて大切であり、クライアントの観察に当たりカウンセラーは細心の注意を払わねばならない。生理反応・反射とは、発汗や涙・息遣い・咳き込み・あくび・赤面・震顫（ふるえ）・身震い・ため息・過呼吸などである。体つきは体格・体重・身長・肉づき・顔つきを指し、身体特徴は黒子（ほくろ）や歯並び・肌の色つや・傷あと・刺青・眼鏡や補聴器の使用・障害・目や毛髪の色（外国人の場合）など個人の際立った肉体的特徴を言う。これらの生理・身体的要素は遺伝的要因と発達および生活環境によって決定されるため、整形手術といった特殊な場合を例外として、意識的なコントロールはほとんど不可能に近い。これとは逆に服装・装飾品・化粧・髪型・アクセサリーといったクライアントの容姿は、通常その個人の好みや嗜好、または時と場合の好みに応じて意識的に決定される。このため容姿は、広義の意味でクライアントの性格の反映と解釈してよい（Stone, 1993）。

声と話し振り

　これまでみてきた身振り・表情・生理反応・身体特徴・容姿は視覚要素であったが、クライアントの声や口調・話し方といった聴覚的要因も重要な非言語要素である。すでに指摘したように、カウンセリングではクライアントの話す内容よりも、非言語行動を通じた自己表現に、「言葉を超えた」情報が含まれていることが多い。これは特に、何らかの情報を意図的にカウンセラーに隠そうとしたり、強い感情にあおられたクライアントにおいて当てはまりやすい。ディミトリアスとマザレラは話し振りを口調や声の調子から（1）静かで落ち着いた、（2）早口、（3）ゆっくり、（4）しどろもどろ、（5）甲高い、（6）平坦冷ややか、（7）気取った・思わせぶりな、（8）ぐずぐず、（9）息切れ・あえぎ、（10）ぼそぼそ、の10種類に分類を試みている（Dimitrius & Mazzarella, 1998）。角川の類語国語辞典（大野・浜西、2001）には、よく使われる「話し振り」を表わす日本語として100以上の表現が列記されている。こ

のような同意語・類語辞典は、日本語独特の感情表現や表情・身振り等の言い回しやニュアンスを調べるための貴重な情報源であり、非言語要素の研究のために必携と言えよう。

身体スペースと時間概念

　非言語行動にはこれまで述べてきた5つの要素だけではなく、自分の身の回りや他人との間に置く距離に関する身体スペース、および時間をどう扱うかといった時間概念も含まれる（Cormier & Cormier, 1998, Egan, 19980）。身体スペースは文化によって明確な相違が見られることが報告されており、文化人類学者の調査では一般的に日本人は他人と近い距離で接することを好むと報告されている（Lewis, 1989）。しかしホールとホール（1987）が指摘するように、これは日本の人口密度を反映しているとも考えられるので、日本人のクライアントについては対人間のスペースよりも個人の着席位置やお辞儀の深さなどの、人間関係の上下関係を示す行動の方が貴重な情報だと思われる。

　身体スペースと同様に、時間に対する概念も、文化によって決定される非言語行動である。ホールとホールらによると、文化は時間概念によって単時性（monochronicity）と複時性（polychronicity）に分類できる。単時性文化では「一時にひとつの事柄に集中する」のが原則とされるのに対し、複時性文化では「一時に多数の事柄を行なう」ことが許される。このため単時性社会では時間厳守と生産性が重視尊重されるが、複時性社会では人間関係と親近感に価値が置かれ、時間厳守は必ずしも遵守されない（Hall & Hall, 1987）。この区分によると、主に米国や西ヨーロッパ諸国は単時性、中南米やアラブ諸国は典型的な複時性社会とされる。日本は、外国人との接触とテクノロジー利用に当たっては単時性、それら以外では複時性と、二重構造説をホールらは唱えている。

　時間と空間にかかわるこれらの非言語要素は、日本文化に内在する複雑性を意味するものであろうが、社会の多様性と流動化が今後ますます進むにつれて、これらの概念の理解はカウンセリングの実践において一層重要性を帯びるもの

と考えられる。バーンランド（1973）は、日本人とアメリカ人における自己表現の比較研究の結果から、異文化コミュニケーションの成功には「相手に対して感情移入ができなければならず、異文化の仮定的世界、つまりその文化的無意識の世界に、自分を移入できる能力が必要である」と述べている。対人関係における間（スペース）のとり方や時間との接し方はまさに文化的無意識の現われであり、クライアントに感情移入、すなわち共感を伝えるために、カウンセラーはこれらの非言語要素を的確に観察できる技術を身につけていなければならない。

まとめ

　クライアントの観察はカウンセリングの基盤である。カウンセリング技法というとすぐに言語による返答技術と考えがちであるが、クライアントの非言語行動を正確かつ詳細に観察する技術は極めて重要である。非言語行動の要素としては、身振り・表情・生理反応および反射・体つきと身体特徴・容姿・声と話し振り・身体スペース・時間概念、の8つが挙げられる。これらの要素はそれぞれ、クライアントの感情や思考・身体感覚・価値観といった情報を意図的もしくは無意識のうちに伝達する役目を果たす。そのため、これらから得られる情報を度外視することは、クライアントを無視することにつながってしまう。しかし、非言語要素の観察で得られる情報はあいまいであり、極めて誤解されやすいという問題点もある。このためカウンセラーは、自分の感知したクライアントの非言語行動の解釈が正しいかどうかを慎重に検討せねばならない。多くの非言語行動学の専門家が指摘するように、非言語要素の観察から正確な情報を得るひとつの方法は、クライアントが繰り返し見せる一貫性のある（consistent）非言語行動に注意を払うことである。性急な判断だけは、絶対に避けねばならない。最後に、クライアントの非言語要素と言語内容とを交錯させて用いると、クライアントに関する複雑な理解が可能になるテクニックが生まれるが、これらについては第4章で詳説する。

第3章　傾聴技法：聴き方の基礎技術

傾聴技法とは何か

　カウンセリングは傾聴に始まり、傾聴に終わる。そのため、傾聴技法は数多いカウンセリング技法のなかで最も重要な技術である。この技法は文字どおりクライアントから「聴く」ことをねらいとする技法であり、主としてカウンセリングの導入期に用いられるテクニックとされるが（Egan, 1975, 1998）、カウンセリング全体を通じて活用される技法であると言っても過言ではない。この技法の修得なしには、その他の技法もありえないのである。

　傾聴技法は3つの主要目的を持つ。まず第1は、クライアントを正確に理解することである。この技法によって、カウンセラーはクライアントの経験する外的状況と内的現実のできる限り正確な理解を試みる。カウンセラーがクライアントから聴くことなしに、カウンセリングはありえない。傾聴技法の第2の目的は、カウンセラーが理解した内容をクライアントに分かりやすい言葉でフィードバックすることである。いくらクライアントからしっかりと聴いたところで、それがクライアントに正しく、意図的に伝えられなければ、片手落ちになってしまう。カウンセリングは理解とフィードバックの両方から成立するのであり、どちらか一方が欠けてもカウンセリングにはならない。つまり、カウンセラーは「聴き上手」であるだけでなく、「答え上手」でもなければならない。傾聴技法は、クライアントを正確に理解し、効果的な返答するためのひな型を提供してくれる。

　クライアントへ理解とフィードバックを繰り返すことにより、カウンセラーとクライアントとの間に肯定的な人間関係（ラポール）が生じる。傾聴技法の

目指す3番目の目標は、このラポールをしっかりと確立することである。こうしてできた関係は「安心できる場」(a safe place) (Havens, 1989) と呼ばれるが、カウンセラーは、クライアントのこうした心理的安心感を、傾聴技法によって構築するのである。

傾聴技法の目的はこのように単純明快であるが、その実践は奥が深く、特に初心者にとっては難しいことが多い。傾聴技法を軽んじて、聴くというカウンセリングの鉄則を忘れたカウンセラーは、クライアントへの質問とアドバイスを繰り返すパターンに陥りやすい[4]。これは残念ながら、カウンセリングではない。カウンセリングの技法修得を始めるに当たり、読者はこの事実をはっきりと認識することが必要である。

傾聴技法を定義づけるために、コーミエーとコーミエーらは行動分析（behavior analysis）と認知行動理論（cognitive behavior theory）の方法論を用いた（Cormier & Cormier, 1998）。行動分析とは複雑な行動を最小単位に分割し、それらの系統的な学習と組み合わせから、多様で難しい行動を修得させる手法である。一方、認知行動理論は人間の行動を思考・情動・行動・生理に大別し、これらのうち思考（認知作用）が他のすべてに影響を与えると想定する見解である。コーミエーらはこれら2つの理論を融合させ、傾聴技法として4種の技術を提案した。

・明確化――あいまいな発言をはっきりさせる
・感情反映――感情に焦点を当てる
・言い換え――感情以外の事柄を意訳する
・要約――複雑な発言を整理する

これらの技法を意図的に利用することにより、カウンセラーはクライアント

---

[4] これらの技術は使い方のタイミングによっては効果的であるが、導入期で用いるのは関係構築の妨害となりやすく問題とされる。この主張の実証的な考察については第9章で詳しく述べる。

への理解とフィードバック、およびラポールづけを行なうのである。以下に具体例を添えながら、これら4種の傾聴テクニックを解説してみよう。

明確化：あいまいな発言をはっきりさせる技法

　明確化（clarification）技法は、その名が示すようにクライアントのあいまいな発言や行動を明確にするカウンセリング技術である。そもそもクライアントの発言は、的を射ていなかったり、感情的に煽られたりすることから、必ずしも理解しやすいとは限らない。またクライアント自身が問題の本質を分かっていないことも十分あり得る。場合によっては、クライアント自身が故意に不明瞭な発言や虚偽の陳述をすることも考えられる。こうした理由から、カウンセラーは絶えずクライアントの発言を正しく理解する努力をせねばならない。明確化はクライアントのあいまいな思考や感情・行動・態度をはっきりさせ、カウンセラーの理解をクライアントに確認する技法である。

　明確化には次のような言い回しが使われることが多い。

・「～とおっしゃっているのですか？」
・「～ということですね？」
・「つまり思った（感じた、行なった）ことは～」
・「～についてもう少し言ってもらえますか？」

　これらの表現に共通するのは、クライアントの発言の不明瞭な部分を繰り返し、理解を深めることである。明確化では質問が用いられるが、これはクライアントが既に述べた発言内容にのみ関するものであり、次の章で解説する探索技法のように新しい情報を集めるものではない。明確化技法の具体的な例を示してみよう。

　明確化技法──第1例：43歳、女性

CL（クライアント）:「最近どうも体の調子がすぐれないんです。40歳を越したのでもう若くもないし……。それに父親ががんで死んだものですから……。もしも自分もがんになったらと思うと心配でたまらず、そこでいろいろ考えた末、カウンセラーに相談するようと勧められてやって来ました。以前にもしばらくカウンセリングを受けたんですが、あまり役に立ちませんでした。今度はうまくいってほしいと思います」

CO（カウンセラー）:「がんの不安が頭から離れないとおっしゃっているのですか？」

明確化技法——第2例：36歳、男性

CL:「ショックです。14年勤めた会社が……（下を向いてしばらく沈黙）……倒産するなんて……まったく信じられません。3年前にはマイホームを買いローンを組んだばかりなのに。（声をあげて震えながら）これから僕と家族はどうしていけばいいんですか？」

CO:「会社の倒産を突然知らされたのですか？」

明確化技法——第3例：17歳、高校生

CL:「（不安そうに）私、妊娠したと思うんです……。（泣き出す）これから産婦人科の医者に会うんですが、もし妊娠しているのなら私、絶対に中絶するつもりです。それしか考えられません」

CO:「妊娠したと思う、と言われますが、もう少し詳しくお話し願えますか？」

これら3例に見られるように、カウンセラーはクライアントの発言に対して、自分の理解の正しさをクライアントに確かめている。詳しく分析してみると、第1例でのクライアントの発言には7つのメッセージが含まれている。すなわち（1）身体の不調感、（2）年齢に関する懸念、（3）家族内におけるがん病歴、（4）がんに対する不安、（5）第三者によるカウンセリングのすすめ、

（6）過去におけるカウンセリング経験、（7）現在のカウンセリングにかける期待、である。これらすべてについて明確化の技術が利用できるが、この例では第4のがんに対する不安に焦点をおいて、カウンセラーは手際よく明確化している。これがもし第5のどういう経過を経て自分のもとにこのクライアントがやって来たのかを明瞭にしたいのであれば、「誰かほかの人から勧められてカウンセリングに来たとおっしゃっているのですか？」とカウンセラーは応えればよい。

　第2例は、クライアントの感情が第1例よりも強く表現されているケースである。このような発言に対して、次に述べる感情反映の技術を使っても良いと考えられる。しかしながら後で詳しく説明するように、クライアントの感情に集中する際にカウンセラーは、まず先にその感情の起こった事実や条件についてはっきりと理解せねばならない。正確な情報なしには、クライアントの感情の適切性が判断できないからである。まして、この例のクライアントのように気持ちが動揺している場合には、感情に焦点を置くと逆効果を起こしてクライアントの興奮をさらに高ぶらせることも考えられる。極めてエモーショナルな発言ではあるが、ここには会社の倒産、家のローンの返済という過酷な事実と、それに対する精神的衝撃・不安・裏切り・憤怒といった感情を含む複雑なテーマが表現されている。これら複数の事実・反応を総括的を考察したうえで、カウンセラーは会社の倒産を知った時期についての明確化をはかっている。

　3番目は、上の2例よりも短いが注意を要する発言である。「妊娠した」と「妊娠したと思う」のは、言葉上では「と思う」という動詞があるかないかの違いであるが、意味は大きく違ってくる。前者は「妊娠している」という事実であり、後者は単にその可能性を示唆しているにすぎないからである。この事実 - 可能性の違いをはっきりさせずにクライアントの感情や行動について返答することは危険である。特にこのクライアントの場合、すでに自身が妊娠したという仮説をもとにした憶測発言を行なっており、こうした事実と不安の混同がクライアントの予期不安をさらに高めやすい。このような誤解の増長を防ぎ正確な情報を確保するために、カウンセラーはクライアントの最初の発言を繰

り返し、明確な情報を求めている。明確化の上手な使い方の一例であると言えよう。

　これらの例が示すように、一見簡単にみえるクライアントの発言も、あいまいであったり複雑な場合が多い。特に文脈（context）のあやふやなカウンセリング導入期や、クライアント自身が問題や状況・感情・考えなどをはっきりと把握していない場合、カウンセラーはクライアントを誤解しやすくなる。こういった状況においてクライアントに事実の確認を求める技法が、明確化である。

感情反映：感情に焦点を当てる技法

　感情反映（reflection of feeling）は、カウンセリングの技法の中で最もよく知られた技術である。人間中心療法で知られるカール・ロジャーズが1940年代に提案し脚光を浴びたテクニックであるが、日本でカウンセリング技法というとこの技法一辺倒のことが多いようである。技術的には、クライアントの発言から「情動（affect）」に焦点を当て、それをフィードバックする技法である（Cormier & Cormier, 1998）。情動とは、大辞林によると「感情のうち、急速に引き起こされ、その過程が一時的で急激なもの。怒り・恐れ・喜び・悲しみといった意識状態と同時に、顔色が変わる、呼吸や脈拍が変化する、などの生理的な変化が伴う」と説明されている。すなわち、心理的情緒反応とそれに伴うさまざまな身体的変化の総称である。従って感情反映では、クライアントの感情、およびそれによって引き起こされる生理的変化に焦点が置かれることになる。

　感情反映の主要な目的は次のとおりである（Cormier & Cormier, 1998）。

・感情に注意を払う
・感情を正しく認識し経験する
・感情を受け入れる

・さまざまな違った感情を識別する
・複雑な感情をまとめる

　これら以外にも感情反映は、カウンセリングの流れを深め、またクライアントの気持ちの整理をつけるという利点が挙げられる。感情を反映する標準的な表現としては、

・「〜と感じるのですね」
・「今のお気持ちは〜ですね」
・「〜は（悲しい、悔しい、嬉しい、怖い、等）でしょう」
・「〜は（泣ける、頭にくる、腹が煮えくり返る、緊張する、等）でしょう」

などが利用される。これらの言い回しでは、形容詞もしくは生理反応を示す表現を用いるのが原則である。これは先の大辞林の定義にあるように、情動が感情とそれに伴う生理反応から成り立つことを考えると明らかであろう。
　注意を要するのは、日本語では「思う」という動詞が思考や判断などの認知反応と、感情や生理反応などの情動反応の両方に使われることである[5]。従って「〜と思う」というクライアントの表現に対しては、それが感情の表現である場合には反映技法を用いるのが適切であるが、それ以外では言い換え（paraphrase）技法が使われるべきである（次節参照）。
　感情反映を用いる際のポイントはタイミングである。よく面接の初めから「〜と感じているのですね」と感情反映を行なうカウンセラーを見かけるが、これはクライアントに性急な印象を与えるので避けた方がよい。そもそもクライアントの発言を十分聞かずに感情反映することは、間違う可能性を大きくしやすい。また単なる情報と違って感情を誤解することはクライアントに悪い印

---

[5] 例えば「ちょっとうつ気味だと思います」という場合の「思う」は、気分がうつかどうかを「思考する」という意味ではなく、うつの気分を「感じている」という情動表現と考えられる。

象を与え、カウンセリングにマイナスの影響を与えることにもなりかねない。こうした過ちを避けるためにも、クライアントの感情をはっきりと理解してからこの技法を用いるのが効果的である。

　感情反映のもうひとつの落とし穴は、クライアントの述べた感情をそのまま「おうむ返し」することである。これは感情の「反映」を「繰り返し」と同一視することから生じるエラーであるが、わざとらしく不自然な感じをクライアントに与えやすい。クライアントとカウンセラーの次のやり取りが、これを示している。

CL：「ちょっと気持ちが沈んでしまって……」
CO：「ちょっと気持ちが沈んでいるのですね」
CL：「そうなんです。特に今日は沈んじゃって……」
CO：「今日は特に沈んでいる」
CL：（カウンセラーを少し見て沈黙）

　これではクライアントが黙り込んでしまうのも当然であろう。こうなるとカウンセラーはクライアントの感情をまったくとらえておらず、ロジャーズの提唱した「自己一致性」からは遠く離れてしまっている。

　このようなクライアントの発言を感情反映するには、カウンセラーはどのように返答すればよいのであろうか？　クライアントの使った感情表現の同意語を使うことも考えられるが、これでもわざとらしさを完璧にはぬぐいきれないことが多い。こういった場合、むしろカウンセラーはクライアントの気持ちの裏に潜む動機（motivation）や欲求（desire）を反映すればよい（Kraft, 1989）。ひもじい時に何かを食べたいと望むように、感情とその裏に潜む動機や欲求は、切っても切れない関係にある。このため感情反映が難しい場合には、クライアントの感情よりもそれに潜む動機を反映するのである。例えば上の例でカウンセラーがクライアントの動機をとらえて感情反映すると、次のようになる。

CL：「ちょっと気持ちが沈んでしまって……」
CO：「何をするのもちょっとおっくうに感じるのですね」
CL：「そうなんです。特に今日は沈んじゃって……」
CO：「何もする気になれなかった」

　前例に比べてこの反応の方が優れているのは一目瞭然であろう。この返答では、カウンセラーは「気持ちが沈んだ」という情動を単に繰り返すのではなく、そのもととなるクライアントの「おっくう感」と「何もする気になれない」という感情と動機の欠如をフィードバックしている。このようにクライアントの直接な感情表現に答える際には、その奥に潜む動機・欲求にカウンセラーは注目するのが効果的である。
　再び明確化の3例を使って感情反映の具体例を以下に示してみよう。これにより先の明確化と感情反映が具体的にどう違うかがはっきりとするであろう。

感情反映技法──第1例：43歳、女性
CL（クライアント）：「最近どうも体の調子がすぐれないんです。40歳を越したのでもう若くもないし……。それに父親ががんで死んだものですから……。もしも自分もがんになったらと思うと心配でたまらず、そこでいろいろ考えた末、カウンセラーに相談するよう勧められてやって来ました。以前にもしばらくカウンセリングを受けたんですが、あまり役に立ちませんでした。今度はうまくいってほしいと思います」
CO（カウンセラー）：「体の不調や年齢から考えて、自分もお父様のようにがんになったらと不安でたまらないと感じておられる」

感情反映技法──第2例：36歳、男性
CL：「ショックです。14年勤めた会社が……（下を向いてしばらく沈黙）……倒産するなんて……まったく信じられません。3年前にはマイホームを買い、ローンを組んだばかりなのに。(声をあげて震えながら）これから僕

と家族はどうしていけばいいんですか？」
CO：「まさかこんなことになるとは夢にも思っていなかっただけに、行く先真っ暗ですね。叫びたくなるような気持ちになってしまう」

感情反映技法──第3例：17歳、高校生
CL：「(不安そうに) 私、妊娠したと思うんです……。(泣き出す) これから産婦人科の医者に会うんですが、もし妊娠しているのなら私、絶対に中絶するつもりです。それしか考えられません」
CO：「ともかく心配で心配で、妊娠を思うと涙がとまらないですね」

　第1例は文脈からして初回面接であり、先に述べたように感情反映が必ずしも適切かどうかは疑問であるが、ここでは例解としてあえてこの技術を使って返答してみた。年齢と父親のがん病歴からくるクライアントの健康状態に対する不安をとらえて感情を反映しているが、単に「不安ですね」と答えるのではなく「不安でたまらない」と強調して応えている。この例に見るように、クライアントの感情の強さを考慮することも感情反映には要求される。
　第2例では会社倒産に対する精神的ショックと将来への絶望的不安を感情反映している。マイホームのローンや家族の詳細についてカウンセラーは言及していないが、「行く先真っ暗」と述べることによってうまくカバーしている。またクライアントの生理反応（声の震え）にも注意を払い、カウンセラーは「叫びたくなるような気持ち」という表現でクライアントの感情とその裏に潜む欲求も映し出そうと試みている。巧みな感情反映の技術である。
　第3例のクライアントに対するカウンセラーの感情反映は明らかであろう。明確化と違い、言葉と涙で表わされた妊娠の恐れに対するクライアントの悲痛な感情を、「心配で心配で」と2回繰り返してフィードバックしている。感情以外の内容についてカウンセラーは触れていない。クライアントの考えや判断といった感情以外の反応には、次の言い換え技術が適切である。
　こうして感情反映の具体例をあげて解題してみたが、この技法を上手に使い

こなすには、感情を表わすいろいろな表現だけでなく、カウンセラーは人の感情そのものに深い洞察を持つことが望ましい。人間の喜怒哀楽とはなにか？どういった時に・どのような気持ちを・どのようにわれわれは表現するのか？これらを理解しない限り、カウンセラーの反映したクライアントの気持ちは口先だけのものになってしまう。ここに感情反映技法の真の難しさがあると言えよう。

　すでに述べたように、日本の従来のカウンセリング・テキストでは、この感情反映技術がかたよって重要視されているようである。はっきりとした理由は分からないが、1950年から60年代当時の「感情の反映」を中核としたロジャーズの来談者中心療法のなごりと、東洋的な一面を持つ彼独特の理論が日本人の肌に合ったことに由来すると考えられる。しかしながらカウンセリング技法全体から見れば、感情反映は傾聴技術のテクニックの一つにすぎず、この技術がほかのテクニックより特に重要であったり優れているという実証はどこにもない。こうした感情反映技法の偏重は、とりもなおさずこれからの日本におけるカウンセラー教育・訓練において、もっと幅広いカウンセリング技法のトレーニングが要求されていることを意味する。技法訓練において大切なことは、感情反映も含めてカウンセラーが幅広いカウンセリングの技術に熟達し、それらをクライアントとの話し合いの実践において適切に活用できることにほかならない。カウンセリング技術のなかからある一つのテクニックに固執し、それを偏重することは危険である。

言い換え：感情以外の事柄を意訳する技法

　情動に焦点を当てる感情反映に対し、感情以外の事柄、例えばクライアントの生活に起こった出来事や思考・判断に注意を向ける技法は言い換え（paraphrase）と呼ばれる。言い換え技術の目的は、カウンセラーがクライアントの発言内容のなかで核心となる事実や状況を把握して、別の言葉で述べることである。アイヴぃら（Ivey, Ivey, & Simek-Downing, 1987）の研究によると、言

い換えはクライアントの価値観やものの考え方・問題の重要点をはっきりさせ、意思決定に役立つ。認知行動主義の影響から最近のカウンセリングは思考と感情を分ける傾向が強く、言い換えと感情反映にこの区別が最も顕著に現われている。すでに感情反映のところでも触れたように、日本語では「思う」という言い回しが考えと気持ちの両方に使われるため、クライアントの話を聞く際にカウンセラーはこれら2つの技術を正確に使い分けることに注意せねばならない。

典型的な言い換え表現には次のようなものである。

・「何が起こったかというと〜」
・「お考えになっているのは〜」
・「言い換えると〜ということですね」
・「おっしゃっているのは〜ですね」

このように、言い換えはクライアントの発言から感情以外の情報について「意訳」をほどこす技術である。

言い換え技法をこれまで考察してきた事例に適用して考察してみよう。

言い換え技法——第1例：43歳、女性

CL（クライアント）：「最近どうも体の調子がすぐれないんです。40歳を越したのでもう若くもないし……。それに父親ががんで死んだものですから……。もしも自分もがんになったらと思うと心配でたまらず、そこでいろいろ考えた末、カウンセラーに相談するようにと勧められてやって来ました。以前にもしばらくカウンセリングを受けたんですが、あまり役に立ちませんでした。今度はうまくいってほしいと思います」

CO（カウンセラー）：「体の不調に気づかれ、特にがんの心配があるので、それをカウンセリングで是非なんとか克服したいと考えておられるのですね」

言い換え技法——第2例：36歳、男性

CL：「ショックです。14年勤めた会社が……（下を向いてしばらく沈黙）……倒産するなんて……まったく信じられません。3年前にはマイホームを買い、ローンを組んだばかりなのに。（声をあげて震えながら）これから僕と家族はどうしていけばいいんですか？」

CO：「長年勤められた会社が倒産したというショックから、今後の見通しがまったく立たず、これから一家共々どうしていけばよいのか見当がつかないのですね」

言い換え技法——第3例：17歳、高校生

CL：「（不安そうに）私、妊娠したと思うんです……。（泣き出す）これから産婦人科の医者に会うんですが、もし妊娠しているのなら私、絶対に中絶するつもりです。それしか考えられません」

CO：「妊娠したと思い、もしそうなら堕胎しかないと考えておられる」

　これらの例が示すように、言い換え技法はクライアントの感情にいっさい言及せず、カウンセラーはクライアントの述べた事実や考えを自分の言葉で再表現している。第1のケースではクライアントのがん不安とそれを克服するためのカウンセリングにかける期待を、そして第2例ではクライアントの直面した会社倒産についてカウンセラーは返答を試みている。第3のケースでは妊娠という懸念とそれに基づいたクライアントの行動プランを、カウンセラーは自分の言葉で言い換えている。

　言い換え技法によって事実や思考に焦点を合わせることは、クライアントに情動以外の事柄を認識させることにつながる。こうした情報は、クライアントの感情という主観的事実をより正確に理解するためにも不可欠である。言い換えと感情反映の2つの技法を通じてクライアントの思考と感情を再構成しながら、クライアントの外的状況と内的世界を徐々に理解してゆくのが認知行動理論によるカウンセリングアプローチの特徴である。

要約：複雑な発言を整理する技法

　傾聴技法の4番目の技法は要約（summarization）と呼ばれる。すでに述べたように、クライアントの発言は必ずしも明瞭とは限らない。一度の発言に複数の込み入った情報が含まれていることもまれではない。認知行動理論によると、クライアントの発言は思考（考え）・情動（感情）・行動（行為）・生理（身体反応）の要素から成り立ち、これらの情報がいろいろな形で混ざりあって表現される。クライアントの発言が特に複雑で混乱しているような場合、カウンセラーは感情反映と言い換えを同時にまとめて用いることがある。このテクニックを要約技法と呼ぶ。要約はクライアントの発言を簡略化することにより、カウンセラーの理解を助ける。またクライアントの発言を要約して整理することから、それまではっきりとしなかったパターンや主題なども明らかにさせる（Carkhuff, Pierce, & Cannon, 1977）。さらに要約技法は、多弁・饒舌のため話にまとまりのつかないクライアントに対して、話の腰を折らずスムーズな返答を可能にする（Cormier & Cormier, 1998）。

　要約は感情反映と言い換えの組み合わせであるため、これら2つの技術をまとめてクライアントにフィードバックすればよい。一般的な表現としては、

・「まとめて言うと〜」
・「(いくつ) のことをいっておられますが、それらは〜」
・「ちょっと整理してみましょう。まず第1に〜」
・「話しておられる内容をまとめると〜」

などの言い回しが使われる。要約である以上、カウンセラーの返答は短く、的を射ていることが好ましい。だらだらと冗長な、明確化を必要とするような要約は逆にクライアントを困惑させるだけである。またクライアントの発言が非常に長く複雑な場合、カウンセラーは先に聞いたことを忘れて、不完全な要約を行なったりすることもあるので注意を要する。要約技法を具体例によって考

察してみよう。

要約技法——第1例：43歳、女性

CL（クライアント）：「最近どうも体の調子がすぐれないんです。40歳を越したのでもう若くもないし……。それに父親ががんで死んだものですから……。もしも自分もがんになったらと思うと心配でたまらず、そこでいろいろ考えた末、カウンセラーに相談するようにと勧められてやって来ました。以前にもしばらくカウンセリングを受けたんですが、あまり役に立ちませんでした。今度はうまくいってほしいと思います」

CO（カウンセラー）：「今おっしゃったことをまとめてみると、まず近頃体の不調を感じる。それにお父様の影響というかがんのことが不安になる。そして以前にもカウンセリングを受けられたが効果が無かった、ということですね」

要約技法——第2例：36歳、男性

CL：「ショックです。14年勤めた会社が……（下を向いてしばらく沈黙）……倒産するなんて……まったく信じられません。3年前にはマイホームを買い、ローンを組んだばかりなのに。（声をあげて震えながら）これから僕と家族はどうしていけばいいんですか？」

CO：「いろいろお辛い気持ちを察しますが、会社の倒産とそのショック、それと家のローンといった将来の心配がメインの心配事ですね」

要約技法——第3例：17歳、高校生

CL：「（不安そうに）私、妊娠したと思うんです……。（泣き出す）これから産婦人科の医者に会うんですが、もし妊娠しているのなら私、絶対に中絶するつもりです。それしか考えられません」

CO：「2つのことを言っておられますが、一つは妊娠に対する懸念、もう一つはもしそうなら中絶を考えるということですね」

これらの例が示すように、要約化を行なう際にクライアントの発言全部についてまとめる必要はない。あくまでも複雑な内容を整理してテーマを見つけたりメッセージを分かりやすくするのが目的であるから、クライアントの発言のうち本質的な部分をまとめてフィードバックするのがこの技法のコツである。第1例では3つの主題、すなわちクライアントの身体不調・がん恐怖・カウンセリング経験、について要約がなされている。2番目の例ではクライアントの会社倒産とそのショック、またそれにかかわる将来への不安という2つの言い換えに付け加えて、「辛い気持ち」という感情反映を最初に投げかけて要約している。3番目のケースでは頭から「2つのこと」とカウンセラーはクライアントにまとめてフィードバックしている。この種の言い回しは感情的になっているクライアントに発言内容を繰り返して認識させるだけでなく、「もし（妊娠している）なら」という仮定形を使うことにより、カウンセラーはクライアントに妊娠を事実としてではなく可能性として示唆している。こうした発言当初から数を出して要約するテクニックは、精神的に動揺しているクライアントには特に有効なテクニックである。

まとめ

　傾聴技法はクライアントを理解し、それについて正確なフィードバックを与え、そしてラポールづけによる「安全な場」の確保を目指すカウンセリングの基本技術である。明確化・感情反映・言い換え・要約の4技術はカウンセリングの導入期に特に有効とされるが、クライアントとの間に信頼・理解・尊重というカウンセリングの根本的条件を確立させる技法であり、カウンセリング全体を通じて用いられるべき最も重要な技法であるといってよい。カウンセリングは傾聴に始まり、傾聴に終わる。そのため、これら4つの傾聴技術の修得なしにカウンセリングはありえないといっても過言ではないのである。

第4章　活動技法：精緻な聴き取り技術

活動技法とは何か

　傾聴技法によってクライアントの理解とラポートを確立すると、カウンセリングは力動的理解期（Egan, 1994）とか洞察期（Hill & O'Brien, 1999）と呼ばれる段階へと進んでゆく。この段階では、クライアントからの新しい情報の収集、発言や態度に表れた矛盾の指摘、行動や対人関係のパターンについての洞察、さらにクライアントにとって有益な情報提供がカウンセリングの中心となる。これには活動技法と呼ばれる4つのテクニックが用いられる（Cormier & Cormier, 1998）。

・探索——新しい情報や特定の回答を求めて質疑する
・矛盾提示——言動や意思表現の食い違いを指摘する
・解釈——行動の全体像や隠れたパターンを顕示する
・情報提供——必要かつ有益な情報を提示する

　活動技法はクライアント自身が気づいていない気持ちや考え、触れたくない事柄に対して、いわばメスを入れる技術であり、巧妙に使うとクライアントの問題定義やカウンセリングの目標設定に役立つ。しかし一歩間違うとクライアントを傷つけ、カウンセリング自体に悪影響を及ぼすことにもなりかねない。特に、探索や情報提供といった技法の乱用は、クライアントとのラポート、すなわち「安心できる場」をこわすことも考えられるので、カウンセラーは万全の注意を払う必要がある。活動技法は傾聴技法との並行利用が原則であること

を忘れてはならない。

探索：特定の情報・回答について尋ねる技法

　探索（probe）とは単に質問する（question）というだけではなく、「言動やものごとの道理を追究する」または「厳密に調べる」という意味合いを含む。そのため探索技法は、前章の傾聴技法の明確化よりもさらに詳しい説明や、クライアントの言明していない事柄について新しい情報を求める場合に用いられる。一見簡単な技法のようであるが、この技法の使いすぎはカウンセラーとクライアントの間に「質疑応答」のパターンをつくりやすいので注意を要する（第3章参照）。カウンセリングではあくまでもクライアントの自主的な自己探求とそれに基づく自発的な意思表現が重視されるべきであり、カウンセラーの問いかけにクライアントが答えるというパターンは禁物である。質疑応答はまたクライアントに対するカウンセラーの心理的優勢を示すことにもなり、信頼関係ではなく上下関係を生み出す危険をはらんでいる。
　探索技術の乱用は、クライアントの沈黙に対してカウンセラーが不安を感じるときに起こりやすい。これは大抵の場合「クライアントに何か言わねばならない」というカウンセラーの焦りによるものであるが、カウンセラー自身の不安解消が目的とされるため、こういった探索はクライアントにとってほとんど無意味である。このためクライアントの返答も不適当になりがちであり、カウンセラーはさらに余計な質問を繰り返すという悪循環に陥ることになりやすい。確かにクライアントの沈黙は、経験の浅いカウンセラーにとって心的緊張を高めやすいが、その対策としてクライアントに質問を投げかけるのは慎まねばならない。探索の目的はクライアントの援助に必要な情報の収集であり、カウンセラーの不安対策ではないからである。
　探索には開放型（open）と閉鎖型（closed）の2種類の形態がある。開放型探索は、いつ（when）・誰（who）・何（what）・どこで（where）・いかに（how）による疑問詞を用いた質問法であり、「イエス・ノー」の回答を求める

質問は閉鎖型探索と呼ばれる。開放型探索で省かれる唯一の疑問詞は「なぜ（why）」である。これは、クライアントに理由・原因を尋ねる探索が、カウンセラーの声の抑揚や言い方によって、質問ではなく「詰問」のニュアンスを持ちやすいことによる。もしカウンセラーがどうしてもクライアントに理由や原因を尋ねたい場合には、単刀直入に「どういう理由で〜？」「いかなるいきさつで〜？」「〜は何が原因ですか？」と聞けばよい。

　開放型と閉鎖型探索を比較した場合、収集できる情報量は開放型の方が閉鎖型よりもはるかに多い。また開放型の質問はクライアントの自主的な発言を奨励する。このためカウンセリングでは通常、閉鎖型よりも開放型探索が好んで用いられる。「今朝は気分がいいですか？」と閉鎖型で探索するよりも、「今朝の気分はいかがですか？」と開放型で尋ねる方が、カウンセラーにとって有利となるのである。

　しかし、クライアントから特定のシロかクロかというはっきりとした情報を求める場合、閉鎖型探索の方がはるかに優れている。例えば、うつに悩むクライアントに対して疑問詞を用いた開放型の探索よりも、「近ごろ自殺を考えたことがありますか？」といった二者択一の回答を求める閉鎖型探索の方が適切である[6]。一般にクライアントの意思決定や客観的事実の確認を行なう場合、まず閉鎖型探索を使って「イエス」か「ノー」かをはっきりさせ、そのフォローアップとして開放型の探索で具体的な情報を集めるのが効果的である。閉鎖型の探索を行なわずに最初から開放型の査問を用いると、答えがあいまいで漠然としたものになることも考えられる[7]。カウンセラーはこのように、必要に応じて開放型と閉鎖型探索のテクニックを意図的に使い分けることが望ましい。

　探索技法の利用に当たっては、一つの探索に一つの質問、が原則とされる。

---

[6] この場合、開放型を使って「自殺の可能性はどれくらいですか？」とカウンセラーが探索したと考えよう。仮に「30パーセントぐらいです」と数量的にクライアントが回答したとしても、カウンセラーにとってはやはり閉鎖型の「イエス」か「ノー」の二者択一の答えの方がはっきりとして分かりやすいと思われる。

[7] 前章で述べた明確化技法が開放型ではなく「イエス・ノー」による閉鎖型の探索を使って行なわれるのも、クライアントのあいまい発言を明瞭化するためである。

一度に複数の質問や、開放型と閉鎖型を混合した複雑な探索を行なうことは、クライアントを混乱させる原因となりやすい。また、一度に数種の探索をしたところで、クライアントはそのうちの一つ、大抵は最後の質問に答えることが多い。こうした探索技法の特徴と使い方を十分に了解することにより、カウンセラーは上手な質問の仕方を身につけることができるようになる。

前章で引用した3例について開放型と閉鎖型の探索例を挙げてみよう。ただしこれら以外にもさまざまな探索が考えられるので、読者は他の例を考えてみるとよい。

探索技法——第1例：43歳、女性

CL（クライアント）：「最近どうも体の調子がすぐれないんです。40歳を越したのでもう若くもないし……。それに父親ががんで死んだものですから……。もしも自分もがんになったらと思うと心配でたまらず、そこでいろいろ考えた末、カウンセラーに相談するよう勧められてやって来ました。以前にもしばらくカウンセリングを受けたんですが、あまり役に立ちませんでした。今度はうまくいってほしいと思います」

CO（カウンセラー）：「以前のカウンセリングでは、どういったことについて相談なさったのですか？」（開放型）

CO（カウンセラー）：「以前のカウセリングでも、がんの心配について相談なさったのですか？」（閉鎖型）

探索技法——第2例：36歳、男性

CL：「ショックです。14年勤めた会社が……（下を向いてしばらく沈黙）……倒産するなんて……まったく信じられません。3年前にはマイホームを買い、ローンを組んだばかりなのに。（声をあげて震えながら）これから僕と家族はどうしていけばいいんですか？」

CO：「会社の倒産は、どういうふうに知ったのですか？」（開放型）

CO：「会社の倒産は、まったくの初耳だったのですか？」（閉鎖型）

探索技法――第 3 例：17 歳、高校生

CL：「（不安そうに）私、妊娠したと思うんです……。（泣き出す）これから産婦人科の医者に会うんですが、もし妊娠しているのなら私、絶対に中絶するつもりです。それしか考えられません」
CO：「何を理由に、妊娠したと思うのですか？」（開放型）
CO：「このところ生理がないのですか？」（閉鎖型）

このように、同じ発言に対して開放型と閉鎖型の探索が可能であり、どちらを選ぶかは、カウンセリングの目的を考慮して、カウンセラーの意思によって決定される。探索技法だけに限らず、進行過程に基づく技法訓練では、カウンセリング技術全般についてカウンセラーが目的本位で意図的に適切な技術を選択できるようになることがねらいとされる。

矛盾提示：言葉や態度の矛盾を指摘する技法

クライアントを傾聴する過程で、カウンセラーはクライアントの発言内容の前後や、クライアントの話し言葉と表情・身振り・ボディランゲージなどの非言語要素とのあいだに食い違いや微妙な「ズレ」を見いだすことがある。こうしたクライアントの言動の不一致や矛盾は意識的な行為のこともあれば、フロイドが指摘したような無意識の葛藤の表われかもしれない。こういった現象は、その理由にかかわらず、クライアントについて貴重な情報を与えてくれる絶好の機会となる。この矛盾は何を意味するのか？　クライアント自身はその矛盾に気づいているのか？　それを指摘されたとき、クライアントはどのように反応するか？　このようなカウンセラーの問いかけに答えてくれるのが矛盾提示（confrontation）と呼ばれる技法である。

カウンセリング面接中にクライアントがみせる矛盾は、次の 3 種に大別できる。

・発言内容の前後矛盾
・発言内容と表出態度の矛盾
・発言に表れた思考と情動の矛盾

　第1の発言内容の前後矛盾は、クライアントが過去に述べたことと現在言っていることの食い違いを指す。「自分は独身だ」と言ったクライアントが「離婚を考えている」と発言した場合などが、これに当てはまる。2番目の発言内容と表出態度の矛盾とは、発言の内容と表現態度（例えばボディランゲージや口調など）のあいだのズレである。落ち着いていると言いながらじっと座っていることのできないクライアントが、この例である。最後の思考と情動の矛盾とは、クライアントの考えと気持ちとの間にギャップのある場合を言う。例えば過去の事柄は自分の責任ではないと理解しながらも、なおも罪悪感にかられている、といった事例がこれに相当する。これらのパターンに共通するのは、クライアントの発言が矛盾のため紛然としてしまい、クライアントの理解が難しくなることである。しかも矛盾に満ちた発言は、通常の傾聴技法だけでは解決のつかないことが多い。
　こうしたさまざまな矛盾に対しては、観察された食い違いをそのままフィードバックして、クライアントの自覚と洞察をうながすのが効果的である。矛盾のフィードバックに当たり、カウンセラーはそれに関する自分の意見や見解を差し控える。矛盾提示は、文字どおり矛盾をありのままにクライアントに提示する技術であり、この点において次のセクションで述べる解釈とは異なっている。
　クライアントの矛盾を指摘する以外に、この技法は事実をゆがめたり否定したりするクライアントにも用いてよい。例えば、飲酒にふけっているのにもかかわらずアルコール依存を認めたがらないクライアントに薬物依存という事実を提示する、といった場合である。このようなケースにおいては、現実とクライアントの認識との間の隔たりを一種の矛盾と見なし、このテクニックが応用されると考えられる。日本の森田療法では事実をありのままに見つめて受け入

れる態度を「事実唯心」と呼び、神経質治療において重要視されているが、これと同じ原理である。

　矛盾提示を用いてクライアントの事実誤認や否認を指摘することは、あくまでも自覚の促進が目的であり、決してクライアントを責めたり叱責したりすることではない。このためこの技法を用いる際、クライアントに非難や中傷といった否定的な印象を絶対与えないように、カウンセラーは細心の注意を払わねばならない。とりわけ矛盾提示や次に説明する解釈といった技法は、クライアント自身が気づいていない考えや気持ち・態度・価値観・行動パターンに焦点を当てるため、誤用するとクライアントを傷つけ、カウンセラーとの関係を悪化させることにもなりかねない。こうしたリスクを減少させるには、できるだけ断定的な口調を避けるのも一法である（Ivey, 1994）。

　矛盾提示の具体的な言い回しとしては、「一方では〜、もう一方では〜」という形式が基本である。これ以外にも、

・「この間〜と言っていましたが、今は〜と言っているのですね」
・「言葉では〜とおっしゃいますが、表情（声、ボディランゲージ）は〜」
・「考えとしては〜ですが、気持ちとしては〜」

などの表現が使われる。クライアントの認識錯誤については、傾聴技法の言い換え技術を使ってまずクライアントの観点を認め、それから事実を指摘する形式をとるのがよい。すなわち、

・「あなたは〜と考えておられるようですが、事実は〜です」

とするのである。これらの雛型が実際どのように応用されるかを、再び例題を使って考察してみよう。

　矛盾提示技法──第1例：43歳、女性

CL（クライアント）：「最近どうも体の調子がすぐれないんです。40歳を越したのでもう若くもないし……。それに父親ががんで死んだものですから……。もしも自分もがんになったらと思うと心配でたまらず、そこでいろいろ考えた末、カウンセラーに相談するよう勧められてやって来ました。以前にもしばらくカウンセリングを受けたんですが、あまり役に立ちませんでした。今度はうまくいってほしいと思います」

CO（カウンセラー）：「もう中年だからがんが心配だと言われますが、これはつい最近始まったことでもないわけですね」

矛盾提示技法──第2例：36歳、男性

CL：「ショックです。14年勤めた会社が……（下を向いてしばらく沈黙）……倒産するなんて……まったく信じられません。3年前にはマイホームを買い、ローンを組んだばかりなのに。（声をあげて震えながら）これから僕と家族はどうしていけばいいんですか？」

CO：「会社の思わぬ倒産で動揺してしまい、この先どうしていいか分らないと言われますが、今日こうして相談に来られたこと自体、既に行動を取られているのではないでしょうか？」

矛盾提示技法──第3例：17歳、高校生

CL：「（不安そうに）私、妊娠したと思うんです……。（泣き出す）これから産婦人科の医者に会うんですが、もし妊娠しているのなら私、絶対に中絶するつもりです。それしか考えられません」

CO：「もう既に妊娠してしまったかのように悲観されていますが、"妊娠したと思う……もし妊娠しているのなら"と想定的にお話しになっていますね。妊娠したのは事実なのですか？」

第1例では一見はっきりとした矛盾は見られないように思えるが、クライアントは40歳を越したからがん不安になったと言いつつ、また同時に以前にも

同じ悩みでカウンセリングを受けたと述べている。この食い違いをとらえて、カウンセラーは矛盾提示を行なっている。もしこの例でクライアントが平然と落ち着いた様子でがんに対する心配を表明したと仮定すれば、「落ちついた態度を装っていらっしゃいますが、内心はがんが心配でたまらないと感じていらっしゃるのですね」と、その表出態度と発言内容の食い違いをカウンセラーは指摘できたであろう。

次の2番目の例では、クライアントの発言内容と行動との相違をとらえて矛盾提示を行なっている。つまりクライアントの精神的動揺と将来に対する極度の不安にもかかわらず、カウンセラーにありのままの気持ちをぶつける行動が絶望感に対する救いの第一歩である、と指摘しているのである。この例が示すように、矛盾提示はクライアントの言動につじつまの合わないことを見つけて「揚げ足を取る」技術ではない。カウンセラーは、クライアントが意識しない思考や行動の矛盾を浮き彫りにし、自己の置かれた状況・行動を客観視させることから、クライアントの自主的な意思決定と行動変革を援助するのである。矛盾技法が単なる傾聴ではなく、活動技法と呼ばれるゆえんである。

3番目の例では、クライアントの不安と口述に見られるあいまいな事実関係をカウンセラーは矛盾提示している。矛盾提示につづき、カウンセラーは閉鎖型の探索技法を使って妊娠に対する事実をクライアントに問いかけている。このように矛盾提示技法は、探索や傾聴技法などの諸技術と一緒に用いられることもある。

解釈：行動の全体像や隠れたパターンを顕在化させる技法

活動技法はクライアントの気づいていない感情や思考・行動・言動の矛盾などに焦点を当てる技法であるが、解釈技法はクライアントの行動や思考・感情に共通する原則やパターン、もしくは個々の部分から成り立つ全体像をはっきりとさせる技法である（Cormier & Cormier, 1998）。一見無意味に見える色とりどりの断片がまとまって色彩豊かな絵画を作り出すように、クライアントの

断続的な行動も巨視的・客観的に眺めると、それまで気づかなかった模様が浮かび上がってくることが多い。しかし「木を見て森を見ず」という言葉があるように、こうした自己の客観視は極めて難しい。これを可能にする技法が解釈である。

ブラマー、ショーストラムとアブリーゴ（Brammer, Shostrom, & Abrego, 1989）は「治療心理学」のなかで、解釈技法はクライアントの発言に潜む隠れた意味合いやその動機をはっきりとさせる役割を果たすと述べている。これは「無意識の素材を意識化させる」という精神分析のなごりと思われるが、イーガン（1994）は解釈を「単に言葉の表面だけでなく、言葉の含蓄や断片的な内容を了解する技法」ともっと広義にとらえ、「高度で的確な共感」であると定義づけた。これは解釈が単に、無意識を意識化する精神分析的なテクニックとしてだけではなく、クライアントの気づいていないパターンや新しい視点を提供する包括的な技術であることを意味する。

このように概念としては分かりやすいが、解釈の実践はなかなか難しいことが多い。その応用に際しての注意点としては、まずクライアントをできるだけ詳しく理解することである。解釈は、クライアントの断片的な思考・情動・行動から全体像をつかみ、それに共通するテーマや関連性・意義を見いだす技術である。そのため正確な解釈を行なうためには、クライアントの性格、価値観、考え方、人生観、生い立ち、家族構成といった幅広い事柄についても、カウンセラーは熟知していなければならない。これには当然ながら時間と忍耐力が要求される。こうした知識なしに解釈を行なうと間違いのもととなってしまう。

第2にカウンセラーは解釈を行なう際の口調や表現方法を吟味する必要がある。クライアントの気づいていない感情や行動パターンを、「隠れた事実」として断定的な口調や高飛車な態度でクライアントに押し付けることは禁物である。解釈はあくまでもクライアントの情報から推察された仮説にすぎない。従って解釈に当たっては、それをひとつの可能性としてクライアントに提示するのが原則である。カウンセラーのやや控えめな態度は、解釈された内容に対するクライアントの反応をやわらげ、提示された意見に対してクライアントは

受容的になりやすい。

　口調や表現方法とともに、解釈のタイミングも重要な要素である。いくら正しい解釈をクライアントに仮説として表示しても、クライアントにそれを受け入れる準備ができていなければ無駄に終わってしまう。反対に、解釈の内容がクライアントに過度の精神的負担をかける危険性がある場合、クライアントの心理的安定が保証されるまで解釈を延期する必要もありうる。精神分析的カウンセラーとして著名なエリカ・フロムは、ある事例研究のなかで、性的虐待を受けた一人のクライアントに対し3年にわたって解釈を保留したと報告している（Brown & Fromm, 1986）。解釈の重みに耐えうるだけの心理的余裕がクライアントになかったのである。これは極端な例であろうが、解釈を行なう際の心がけとしては学ぶべきところが多い。

　まとめてみると解釈技法の重要な注意点は、（1）クライアントをできる限り詳しく理解する、（2）事実としてではなく仮説としてクライアントに提起する、（3）クライアントの心理的受け入れ状態を正しく判断する、の3つである。

　カウンセリング面接の実際において解釈技法を用いる際、一体どのような表現を使えばよいのであろうか？　解釈が「単に言葉の表面だけでなく、言葉の含蓄や断片的な内容」を扱う技法である以上、紋切り型の文句は使えないであろうし、また常套句や紋切り型の言い回しのたぐいは実践においてはほとんど役に立たないことが多い。しいて使うとすれば、

・「今、本当に言われて（感じて、考えて）いることは〜」
・「お話しになっていることのテーマとしては〜」
・「お聞きしたところでは、〜が共通しているようですね」
・「お気づきになっているかどうか、わかりませんが〜」
・「もし隠れた主題と言ったものがあるとすれば、それは〜」

などがよいと思われる。全体のテーマやパターンを浮き彫りにする技術だけに

解釈の例を挙げるのは、困難であるが、無理を承知のうえであえてこのテクニックを今までの3例に応用してみよう。

解釈技法——第1例：43歳、女性

CL（クライアント）：「最近どうも体の調子がすぐれないんです。40歳を越したのでもう若くもないし……。それに父親ががんで死んだものですから……。もしも自分もがんになったらと思うと心配でたまらず、そこでいろいろ考えた末、カウンセラーに相談するようと勧められてやって来ました。以前にもしばらくカウンセリングを受けたんですが、あまり役に立ちませんでした。今度はうまくいってほしいと思います」

CO（カウンセラー）：「がんが心配だと言われますが、もっと深いところでは、がんは死にいたる、ということが非常に不安だというふうにも聞こえるのですが……」

解釈技法——第2例：36歳、男性

CL：「ショックです。14年勤めた会社が……（下を向いてしばらく沈黙）……倒産するなんて……まったく信じられません。3年前にはマイホームを買い、ローンを組んだばかりなのに。（声をあげて震えながら）これから僕と家族はどうしていけばいいんですか？」

CO：「ある意味では会社の倒産というよりも、それに対してまったく無防備であった自分にも強い憤りを覚えているようですね」

解釈技法——第3例：17歳、高校生

CL：「（不安そうに）私、妊娠したと思うんです……。（泣き出す）これから産婦人科の医者に会うんですが、もし妊娠しているのなら私、絶対に中絶するつもりです。それしか考えられません」

CO：「お気づきかどうかはわかりませんが、今はまるで妊娠以外の可能性は考慮しないというより、まったく考慮できない、という状態のようです

ね」

　これらの解釈は、前後の文脈がないため多少の無理が感じられるかもしれないが、例解としては適切であろう。第1のケースでは、がんが心配というクライアントに対してカウンセラーは、がんそのものよりも、むしろがんによる死の恐怖について解釈をしている。がんによる病死という恐怖はクライアントの言葉には直接表現されていないが、「単に言葉の表面だけでなく、言葉の含蓄や断片的な内容」をとらえた場合、この解釈は的を射たフィードバックであると思われる。また決して一方的に断定せず、カウンセラーは原則どおりに、この解釈を可能性としてクライアントに提示している。

　2番目の例では、カウンセラーはクライアントの表現態度に重点を置くことにより、解釈を行なっている。クライアントがコミュニケーションを行なう際、伝えようとする内容には敏感であっても、それがいかに表示されるかという表現態度には無自覚であることが多い。つまりクライアント自身が気づかないさまざまの感情や思考が、態度に反映されるのである（Shapiro, 1989）。クライアントは「何」を言うかには意識的であるのに反し、それが「いかに」表現されるかについては無意識的となりやすい。この例では、突然の会社倒産に直面したクライアントの強い忿懣の感情が、「声をあげて震えながら」という表現態度として現われている。しかもこの感情は、クライアントに直接意識されていない。この意識にのぼってこない実感をカウンセラーはついており、クライアントの自己認識を促している。

　第3例は表現態度を解釈した第2例と似ているようであるが、妊娠を恐れる女子高校生クライアントの発言から、妊娠への恐怖に凝り固まり、柔軟性を欠いた思考のゆがみを、カウンセラーは解釈している。この種のテクニックは認知療法でよく用いられる技法である。妊娠に対する偏執的な恐怖に応えるのではなく、それに固執している事実を指摘することは、木ばかりを見ているクライアントに森の存在を指摘するのに等しい。このように解釈技法の上手な活用は、クライアントが経験しても自覚しない感情や体験・実感・思考方法を認識

させるのに役立つ。

情報提供：クライアントに有益な情報を提供する技法

　カウンセリングの原則はクライアントの言うことを聴くこと、そして聴いて理解したことを再びクライアントにフィードバックすること、の2点に尽きる。前章で述べた傾聴技法や本章の活動技法は、カウンセリングのプロセスにそってこの原則を認知行動理論の立場から考察し、実践向けに具体化したカウンセリング技術である。しかしながらカウンセリング関係が進んで深まるに伴い、傾聴とフィードバックのみでなく、クライアントに役立つ情報や知識を与えることも必要になる場合がある。情報提供技法は、その名の示すとおりクライアントに適切な情報を提示する技術である。しかし、カウンセラーがクライアントに提供するのは情報であり、決して助言やアドバイスではない。「第一人者の助言」とか「トップからのアドバイス」といった言葉が示すように、アドバイスや助言は「上から下」というニュアンスを伴いやすく、クライアントを一段「見下す」上下の対人関係というイメージを生じかねない。このためクライアントに悪印象を与える可能性もあり、極端な場合には一方的な忠告になってしまう。活動技法で与える情報はあくまでもクライアントにとって有益な事実・知識であり、カウンセラーとクライアントとの信頼関係を深めるものでなければならない。

　情報提供はクライアントに未知の資料や知識を供給するだけでなく、心理的洞察が浅く精神的葛藤に悩むクライアントの心理的安定を図る働きを持つ。例えば、就職の面接試験を控えて不安になっているクライアントに対して、その会社の情報や予想される質問事項についての情報を与えるだけではなく、面接前の多少の予期不安は正常であるとクライアントに認識させることは、有効な不安対策となる。こうした自己理解を中心とする心理的効果をねらった情報提供は心理教育（psychoeducation）と呼ばれる。

　情報提供を行なう際に注意すべき点としては、

・正確で利用価値の高い情報を与えること
・適切で十分な情報を提供すること
・一度に過多の情報は与えないこと
・クライアントの情報理解を確かめること
・情報提供後はフォローアップをすること

　などが挙げられる。当然のことであるが、クライアントに提供する情報は正しく実際に役立つものでなければならない。与えた情報が古かったり間違ったりしては援助にならない。またいくら正確でも断片的な知識や情報は利用価値が半減するであろうし、反対に多すぎても情報過負荷（information overload）になってしまう。やはりクライアントの状況に見合った適度な量のインフォメーションが、情報として提供されるべきである。
　カウンセラーはまた、与えられた情報をクライアントが正確に理解したかどうかを確かめる必要がある。複雑な情報や専門分野の知識が伝達される場合はもちろんであるが、それ以外にも情報はなるべく具体的にクライアントに伝えるのが望ましい。筆者はかつて、孤独に悩むクライアントに「友達をつくるには周囲の人たちに愛想良くすると良いでしょう」と述べたところ、「周囲の人たちに愛想良くするというのは、実際にどうすればいいのですか？」と聞き返された経験がある。情報提供としては失敗の一例と言えよう。この場合、情報の内容がクライアントには抽象的すぎて、カウンセラーの意図が正確に伝わらなかったのである。少し考えて「毎日、少なくとも3人の人に自分から進んで笑顔で挨拶してください」と答えたところ、やっとクライアントの了解を得た。この短い応答からも分かるように、カウンセラーにとっては「当り前」のことでも、クライアントにはまったく不可解なこともありうる。こういった初歩的な間違いを避けるためにも、情報はなるべく具体的に提供することが大切である。
　再び3例を使って、情報提供技法を考察してみる。

情報提供技法——第1例：43歳、女性

CL（クライアント）：「最近どうも体の調子がすぐれないんです。40歳を越したのでもう若くもないし……。それに父親ががんで死んだものですから……。もしも自分もがんになったらと思うと心配でたまらず、そこでいろいろ考えた末、カウンセラーに相談するようと勧められてやって来ました。以前にもしばらくカウンセリングを受けたんですが、あまり役に立ちませんでした。今度はうまくいってほしいと思います」

CO（カウンセラー）：「最近は早期がん検査・診断の技術が進み、いろいろなクリニックで専門的な検診を行なっていますが、もし不安の解消のために受診することに興味があれば、私の方から専門家のご紹介もできます」

情報提供技法——第2例：36歳、男性

CL：「ショックです。14年勤めた会社が……（下を向いてしばらく沈黙）……倒産するなんて……まったく信じられません。3年前にはマイホームを買い、ローンを組んだばかりなのに。（声をあげて震えながら）これから僕と家族はどうしていけばいいんですか？」

CO：「住宅ローンを組んだ取引銀行に至急連絡をとり、ローンに保険がかかっているかどうかを確かめてください。また新しい職場を見つける手配もすぐに始めましょう」

情報提供技法——第3例：17歳、高校生

CL：「(不安そうに) 私、妊娠したと思うんです……。（泣き出す）これから産婦人科の医者に会うんですが、もし妊娠しているのなら私、絶対に中絶するつもりです。それしか考えられません」

CO：「妊娠テストは比較的短時間で結果が出ますから、妊娠かどうかはすぐはっきりするでしょう。もしその結果が妊娠であれば、中絶も含めてあらゆる対策をまず一緒に考えましょう」

これら3例においてカウンセラーは、上から一方的にクライアントに助言したりやアドバイスを与えるのではなく、クライアントに対する尊敬をこめながら、専門家として有益な情報を与えている。問題解決を行なうのはあくまでもクライアント自身でありカウンセラーではないという、カウンセラーの自覚とクライアントへの尊重精神が現われている。情報提供はクライアントの自力援助が目的であって、他力救済ではないからである。

　以上2章にわたって、同じ3例を使いながら傾聴・活動技法の各4種、合計8種のカウンセリング技術を具体例を通して考察してみた。読者はこれらの技術一つひとつについてじっくりとその理論と例題を検討し、自分なりにそれぞれの技法を使って練習するとよいであろう。カウンセリングは、カウンセラーとクライアントが築く対話の芸術とも言えるが、その基本構成はやはりクライアントの観察と言語技術から成り立つのであり、上達するには絶え間ない努力と訓練が要求される。アメリカのカウンセラー養成プログラムでは技法訓練において「意図的応答（intentional responding）」という言葉がよく使われるが、これはクライアントに対してその場の感覚や出まかせで応答するのではなく、はっきりとした目的と目標に応じて最適と思われる技法を選んでクライアントに返答することを意味する。カウセリング技法の習得に当たり、傾聴と活動技法が意図的応答になることを目指して読者は努力せねばならない。

まとめ

　活動技法はクライアントに深い洞察や情報を与えることを目的としており、通常カウンセラーとクライアントのあいだに肯定的な関係が確立されてから用いられるカウンセリング・テクニックである。カウンセラーは探索・矛盾提示・解釈・情報提供の4技法を使うことにより、クライアントの認識しない思考や感情、行動の矛盾やパターンなどを明らかにし、またクライアントにとって有益な情報を提供できる。活動技法の適切な応用は極めて効果的であるが、これらの技術の誤用・乱用はクライアントだけでなくカウンセリングそのもの

に悪影響を及ぼしかねないので細心の注意を要する。これらの技法はクライアントの特定の目的に合わせて、意図的に選択されて活用されるのが原則である。

第5章　傾聴・活動技法以外のカウンセリング技法

　傾聴と活動技法はカウンセリングの中核とも言うべき技法であるが、これら以外にも有益なテクニックが知られている。この章ではそれらの技術のいくつかについて解説してみることにする。カウンセリングの進行過程と認知行動理論から編成された傾聴・活動技法と違い、こうした技法には特定の理論によらないテクニックや、反対に複数の理論から展開した技術が多い。しかしこれらはすべてカウンセリングの実践で応用できる技法であり、カウンセラーは自分の理論的見解とクライアントの必要に合わせてこれらの技術を使うことができる。

　ここでは次の5つの技法を紹介する。

・リフレーミング——発言内容に新しい解釈を与える技法
・語調反射——発言の語調に焦点を当てる技法
・自己開示——カウンセラー自身の経験を打ち明ける技法
・反復——クライアントの発言を繰り返す技法
・沈黙——不言により影響を与える技法

リフレーミング：発言内容に新しい解釈・意味を与える技法

　リフレーミング（reframing）は（re =「再び；改めて」+ framing =「枠組みする」）という合成語であり、元来「枠組み再編成」の意味をもつ。もともとは家族療法や催眠療法で開発されたテクニックであるが、最近では戦略的療法や認知療法でも用いられるようになった（Flemons, 2002; Watzlawick,

1978; Watzlawick, Weakland, & Fisch, 1973)。この技法は、既存の事実や行動について新しい見方を提示し、クライアントの視点を変えることをねらいとする。よく使われる比喩を用いるなら、水の半分入ったコップを「半分空っぽ」から「半分いっぱい」にクライアントの観点を変化させるのである（Watzlawick, 1978）。このような発想の変換はかつて水平思考（デボノ、1971）やプラス思考（多湖、1993）として注目されたが[8]、リフレーミングは単に思考だけでなく、クライアントの感情や行動・生理面の変化、また創造性や問題解決の行きづまりにも糸口を与えることが報告されている（Gagne, 1985）。

　リフレーミングはその応用方法によって、ものごとや行動について（1）クライアントの気づかない肯定的側面を指摘する「ポジティブ・リフレーミング」と、（2）クライアントが見落とした否定的要素を明瞭化する「ネガティブ・リフレーミング」に大別できる。訥弁に悩むクライアントに対して「話し上手は聞き上手」と指摘するのがポジティブ・リフレーミングであり、饒舌なクライアントに「口軽」の弊害を教示すればネガティブ・リフレーミングとなる[9]。どちらのリフレーミングを利用する際でも、発想の転換は客観的事実に基づいていなければならない。単にカウンセラーの主観や憶測だけでクライアントを一時的に安心させるための発言、例えば寡黙で悩むクライアントに「あなたは無口だから魅力的ですよ」と言ったりすることは絶対に禁物である。リフレーミングは、あくまでもクライアントの物の見方を変化させる技法であり、姑息な気休めや不安対策ではない。

---

[8] プラス解釈の勧めとして多湖は、「不器用だ→それを乗り越えて身につけたものは人一倍器用になる」「負けた→負けは必ずしも失敗ではない。学ぶところがいっぱいある」等の興味深い例をあげている。これらは優れたポジティブ・リフレーミングと見ることができる。

[9] 個人心理学の創始者アドラーも「相手のスープに唾を入れる」と名づけられたリフレーミング同様のカウンセリング技法を提唱している。このテクニックでは、クライアントの間違った態度や行動に逆らわず、反対にそれらのもたらす隠れた損害を示唆する（Dinkmeyer, Pew, & Dinkmeyer, Jr., 1979）。これはネガティブ・リフレーミングである。またアドラーの奨励（encouragement）のテクニックも、ポジティブ・リフレーミングに似かよっていると思われるふしがある。これは上記 Dinkmeyer ら（1979）に詳しい。

ポジティブ・リフレーミングから派生したカウンセリング・テクニックのひとつは、アビリティ・ポテンシャル（ability potential［能力潜勢］）と呼ばれる（Cormier & Cormier, 1979）。この技法では、事実を無視して否定的見解にとらわれ、その結果自信喪失や自己疑惑に陥ったクライアントに、カウンセラーは内在する能力を指摘する。認知行動理論の立場に立つコーミエーらは、クライアントの不適応な行動や態度を否定的・悲観的考えから生じる結果と見なし、これをアビリティ・ポテンシャルによって打破しようと試みている[10]。一例を挙げるなら、大きな商談を前にして不安にかられる有能なセールスマンに対して、「商談を前にして不安だと言われますが、あなたの営業実績から判断するなら、不安がかえって謙虚さを生むことになるでしょう」と、カウンセラーはアビリティ・ポテンシャルを使うのである。この例からも分かるように、アビリティ・ポテンシャルはポジティブ・リフレーミングと同じく、クライアントの視点を変えたり新しい着眼点を指摘するのをねらいとしている。こういった認知レベルの肯定的な変化は、クライアントの自己効力感（self-efficacy）を高めることにもつながる（バンデューラ、1997）。

リフレーミングの例をいくつか紹介してみよう。

ポジティブ・リフレーミング──第1例：32歳、女性
CL（クライアント）：「どうも論文が書けなくて困っています。ほかの人はスラスラ何の問題もなく書いているのに、私といえば辞書や文献とにらめっこであまり進まないんです。何か文章上達の秘訣でもあれば教えてくださいませんか？」
CO（カウンセラー）：「お聞きしたところでは、慎重で言葉の一つひとつを吟味しながら論文を作成される。そのため時間はかかるが内容は濃く、また辞書で検討しながら書くことから、いろいろな表現を今、実践で身につけられている最中ですね」

---

[10] アビリティー・ポテンシャルは、最近アメリカ英語に定着した「エンパワーメント（活力化）」の概念に近いとW・コーミエー（2002）は述べている。

ネガティブ・リフレーミング——第 2 例：23 歳、男性
CL：「タバコね……。しょっちゅう止めようと思うんだけど、つい癖で手が出ちゃうんだよな。体に悪いっていうのは知ってるけれど、分かっちゃいるけど止められないってこういうことを言うのかな」
CO：「喫煙は体に悪いだけでなく、本人には気づかないいやな臭いが衣類や髪の毛にしみつくので、周囲の人、特に女性に嫌がられますね。それさえよければ、止める止めないは自分の選択ですよ」

アビリティ・ポテンシャル——第 3 例：66 歳、男性
CL：「定年退職してからしばらくは気楽でよかったのですが、最近はどうも退屈で時間を持て余してしようがありません。それに昔に比べて体力も落ちたので、いまさら自分に何ができるかと思うと、どうも自信がなくて困ります」
CO：「たしかに人間、歳をとると体力は衰えますが、反対に『年の功』というか人生経験やそこから生まれた知恵が周囲から喜ばれるようになります」

　これらの例では、カウンセラーはクライアントの恒常的なものの考え方に対して新しい見解を示したり、違った角度から事実を検討する試みを奨励している。前章で述べた矛盾提示技法のように正面からクライアントの既成概念にチャレンジするのではなく、リフレーミングはむしろ側面から柔らかにクライアントの盲点を指摘するといった感じがある。この技法の生みの親とされるグレゴリー・ベイトソン（2001）は、背景を変化させることにより景色を転成させるのがリフレーミングの本質であると指摘しているが、これは的を射た定義と言えよう。
　第 1 例の遅筆に悩むクライアントのケースでは、カウンセラーはクライアントの論文作法伝授の依頼に対して直接には情報提供を行なわず、リフレーミングを試みている。これには、ポジティブ・リフレーミングによって、文章を書くことに対するクライアントの悲観的な見地を肯定的に変化させるという目的

が意図されている。もしクライアントが具体的な文章上達法を望むなら、このあとで情報提供技法を使えばよい。

　２番目の口先だけの禁煙を企てるクライアントについて、カウンセラーは絶好のネガティブ・リフレーミングをほどこしている。クライアントの意見に逆らうことなく、喫煙の対人的影響・弊害をずばり指摘したうえで、本人自らの選択を勧めている。アドラーの個人心理学では、これがクライアントの「スープに唾を引っかけた」好例であると言えよう。

　最後のケースは、定年退職後の老齢による体力低下と時間管理を懸念するクライアントへのアビリティ・ポテンシャルである。クライアントに内在する能力を指摘することにより発想の転換をはかるというリフレーミングの原則どおり、カウンセラーはこの例でクライアントの「年の功」を指摘している。

　リフレーミングをマリッジカウンセリングに応用したフレモンズは、リフレーミングを効果的に使い、この技法が一人のクライアントに与えた影響を次のような比喩で述べている。「リフレーミングはこのクライアントにパラシュートを与えた。このパラシュートによってクライアントは、自由に向かって飛び出したのである」(Flemons, 2002)。このように、上手なリフレーミングの活用はクライアントに自由をもたらすのである。

語調反射：発言の語調や態度に焦点を合わせる技法

　すでに第２章で説明したように、クライアントの発言は言語・非言語の２要素から構成される。言語要素が発言の内容を表わし、その意味は非言語要素によって決定されるのである。しかし傾聴技法や活動技法はほとんど言語要素を中心とした技法である。感情反映や矛盾提示などクライアントの非言語要素に注意を払う技術も見られるが、これらは例外である。こうしたなかで語調反射はクライアントの口調や口ぶりなどの語調を直接とらえてフィードバックする貴重な技法である。

　カウンセリングにおいてクライアントの語調が特に重要とされるのは、非言

語要素の観察で説明したようにクライアント自身が意識しない、隠れた感情や思考が口調や話し方に表わされるからである（第2章参照）。精神分析理論のひとつで、クライアントの防衛機制とその手段を重要視する自我分析の立場をつらぬくシャピロは、クライアントの自己欺瞞が語調に最も明瞭に表われると主張している（Shapiro, 2000）。

〔自己欺瞞をねらいとしたクライアントの発言〕は他人に対するコミュニケーションではなく自分自身に向けられたものである。つまり自分自身にそれを言い聞かせることにより、不安の原因となる思考や感情を打ち消したり訂正しようとするのである。クライアントは大抵の場合このことをはっきりと認識していないが、精神的な不安定感は自覚している。そのため自己欺瞞を表わす発言では、しばしば声を高めて自分の考えを力説したり……中略……何度も同じことを繰り返したりということが見られる。(Shapiro, 2000)

シャピロの論旨は、クライアント自身の気づかない、または自覚したくない気持ちや考えが語調に反映されると要約できる。このためカウンセラーがクライアントの語調に敏感に受け答えることは、言葉にならないさまざまなクライアントの葛藤や心理についての洞察を与えることができるのである。

これによく似た見解は、家族療法とブリーフ・セラピーの大家、ヘイリー（Haley, 1996）によっても論じられている。

身体の動きや椅子にすわる位置、また声の調子なども、言葉だけよりももっと多くの情報を聞き手に提供してくれる。カウンセリング面接において、ボディランゲージや語調によって表わされる隠れたコミュニケーション（meta-communication）は、言葉で伝えられた内容を修飾するのである。……中略……臨床の場にあっては何が話されたかということよりも、いかなる口調やジェスチャーでそれが伝えられたかの方がはるかに重要である。(Haley,

1996）

　ヘイリーとシャピロというまったく対照的な立場に立つ理論家が、共に声を合わせてクライアントの語調の重要性に触れていることは、はなはだ興味深いことである。すでに述べたように、語調は技法訓練で無視されることが多いだけに、非言語要素を対象としたこの技法は、それだけ修得の価値も大きいと言えよう。
　以下、語調反射の数例を検討してみよう。

語調反射──第1例：43歳、女性
CL（クライアント）：「（うんざりした口調で）まったくうちの主人ときたら……」
CO（カウンセラー）：「あきれてものも言えない！」
CL：「本当に情けなくって……（泣き出す）」

語調反射──第2例：24歳、男性
CL：「（やや不安そうに）強がりを言っているけれど、ひょっとしたら内心は不安なのかもしれません」
CO：「（少し驚いた口調をこめて）ひょっとしたら……内心は不安？」
CL：「ええ、（ため息をつく）本当はとても心配でたまらないんです」

語調反射──第3例：26歳、女性
CL：「先生、何とかして司法試験に絶対（強調する）、合格するような方法を教えてください！」
CO：「なんとしてでも、この試験には受かりたい！」
CL：「そうです。自分のためだけでなく両親のために、立派な弁護士になって喜ばしてやるのが子どもの頃からの夢なんです」

語法反射──第4例：17歳、女性

CL：「(ふてくされた声で) どうしてカウンセラーのあんたに話なんかしなきゃなんないのよ？ 冗談もいい加減にしてよ！」
CO：「余計なおせっかいはするな、と言いたい？」
CL：「(カウンセラーをにらんで) そうよ、どっちみち私に説教たれるんでしょう、ほかの教師みたいに」
CO：「説教か？ そりゃ、説教してくださいと頼まれればやらないこともないが、それよりどうだ、ひとつ先生に話してみないか？ 君が何を考えているのか知りたいんだよ。説教はしない、約束する」
CL：「(口調を和らげて) 本当に私の言うこと聞いてくれる？」

　これらの例においてカウンセラーは、いずれもクライアントの語調に表現された本人の気づかぬ感情や意思を的確にとらえている。第1例の発言は文章になっておらず、カウンセラーは「言葉にならない」クライアントの失意と絶望感を語調反射することによって巧みに表出させている。また同時にクライアントに対するカウンセラーの共感がにじみ出た返答でもある。

　次は、自己の不安に対する「強がり」に気づきかけたクライアントへの応答例である。シャピロの指摘したクライアント自己欺瞞に対する反応の好例であると言えよう。このような発言については、前章で述べた矛盾提示技法なども可能であるが、語調反射を利用することにより効果的な結果を得ることが多い。これは、クライアント自身がはっきりと気づいていない内的葛藤が発言を修飾する言葉や表現、すなわち副詞や副詞句といった修飾語（例えば、多分・もしかしたら・絶対に・必ず・何が何でも、等）に表われやすいからである。この例のカウンセラーは、「ひょっとしたら」というクライアントの言葉に含まれた驚きの感情を語調反射で意識的に繰り返すことにより、内に潜んだ不安を認識させているのである。

　3番目の事例は一読すると情報提供を求める発言のように聞こえるが、実は何とかして司法試験に合格し幼少時よりの目的を果たしたい、という懇願の意

思表示である。もしカウンセラーが単にクライアントの発言内容だけに答えたとすれば、情報提供を試みたかもしれない。しかしながら、そうした返答はクライアントの心の底に潜む強い感情を無視することになってしまう。また「司法試験に絶対、合格する方法」などありえず、そうした情報をクライアントに与えようとすることは不可能である。この例が示すように、語調には多くの意味がこめられている場合が多く、カウンセラーはクライアントの口調や言い回しにくれぐれも注意する必要がある。

第4例のカウンセラーは、クライアントの発言口調に織り込まれた「余計なおせっかいはするな」という強い感情をまず語調反射させている。もしこのクライアントの発言に傾聴技法を用いたならば、「カウンセラーと話せと言われて、ずいぶん怒っているんだね」(感情反映)、もしくは「バカらしくて、カウンセラーと話す気などまったくないようだね」(言い換え) などが考えられるであろう。こうした返答は、クライアント個人のもつ感情や思考を明瞭にするという意味から、技法的には妥当であろう。しかしながら、こうした傾聴技法では、カウンセラーにぶつけられた怒りや憤りに潜む、クライアントの対人的願望や要求の側面が明確に反映されない。こうしたクライアント自身の認識しない感情が「ふてくされた声」として表わされているのである。従って、もし感情反映や言い換えの技法でこのクライアントに応えたとすれば、この例に見られたようなカウンセラーの「説教」を予期したクライアントの本心は誘引できなかったであろう。カウンセラーは語調反射によって引き出されたクライアントの拒絶的真意を逆らわずに受け入れ、その次に情報提供のかたちで話し合いをクライアントに勧めている。語調反射がうまく利用された例であると言えよう。

これらの例から分かるように、語調反射の巧みな利用はクライアント自身が自覚しない内的経験を表出するのに大きく役立つ。しかしながら多くのカウンセラーは発言内容にとらわれるあまり、語調には十分注意を払わず、その結果クライアントの貴重な情報を無駄にすることが多い。語調技法はカウンセリングにおいてもっと幅広く活用されるべきである。

自己開示：カウンセラー自身の反応を打ち明ける技法

　カウンセリングの基本はあくまでもクライアントの傾聴であるが、時と場合に応じて、カウンセラー自身の経験や反応をクライアントに打ち明けることも必要であったり有効なことも多い。自己開示技法は、その名の示すとおり「カウンセラー自身の経験や行動・感情のいくつかを建設的なかたちでクライアントと分かち合うこと」（Egan, 1998）と定義される。ここで最も大切なのは、「建設的なかたちで」という自己開示に当たる際のカウンセラーの態度である。人間（来談者）中心療法の提唱者カール・ロジャーズは 1960 年代後半から、感情反映によるクライアントの共感的理解よりも、カウンセラーの自己開示に基づく真実性を、カウンセリング関係において重要視し始めた。心理学者のジョウラード（Jourard, 1971）をはじめとする過去の研究結果によると、カウンセラーの自己開示はカウンセリングに良否両方の影響を及ぼすという興味深い結果が報告されている（Watkins, 1990）。このため自己開示を行なうに当たり、カウンセラーは次の注意事項を守ることが大切である。

　目的をはっきりさせる　自己開示はあくまでもクライアントのためであり、打ち明ける情報はクライアントにとって有益なものでなければならない。カウンセラーのなかには自分の経験や体験をやたらとクライアントに話したがる人物がいるが、これは自己開示ではない。こうしたカウンセラーの体験談や助言は自慢話のたぐいであり、クライアントにとっては無価値であることが多い。自己開示に先立ち、「これをクライアントに伝える目的はなにか？」を自問して明確にする必要がある。間違っても、気持ちの沈んだクライアントに「私もうつで悩んだことがあってね」などと告白することを自己開示と誤解してはならない。

　具体的な情報を提示する　自己開示される情報は具体的で、クライアントにとって分かりやすい内容であることが望ましい。抽象的で的を射ない自己開示は効果がないばかりか、クライアントを逆に困惑させることになってしまう。就職面接を控えて緊張するクライアントにカウンセラーが、「私もかつて就職

試験の面接に先立ち、緊張して自分の考えが十分に表現できなかったら、などと考えたこともありました」と言えば具体的である。こうしたカウンセラーの体験をはっきりとさせて分かち合うことにより、クライアントは自分自身の不安を受け入れることが可能になる。これに対して、カウンセラーが漠然と「そういう不安は誰にでもあるもので、私にも覚えがありますよ」とクライアントに伝えるなら、同様の効果は期待できないばかりか、クライアントは自分の気持ちをカウンセラーに無視されたように感じるかもしれない。このように、クライアントの現状に即した具体的な自己開示が最も有効である。

時期と回数を見極める　クライアントの目的にかなった具体的な自己開示も、タイミングを間違えると効果が薄れたり消失してしまう。そのためカウンセラーは傾聴・活動技法の活用により、適切な時期をとらえてこの技術を使うべきである。ただし、いくらタイミングが良くても、カウンセラーの自己開示が頻繁すぎるとかえって逆効果を生みやすくなる。殊に過多の自己開示はカウンセラーの顕示欲や不安に起因することが多いので要注意である。もし何らかの理由で自己開示の衝動が強すぎる場合、カウンセラー自身がそうした欲求に対する自覚をカウンセリングによって深め、適切に対処することが先決である。

自己開示を具体例で考察してみよう。

自己開示——第1例：32歳、女性

CL（クライアント）：「果たして先生に、今の私のこの気持ちが分かりますかどうか……。（目に涙をためて）離婚するのがこんなに辛いものだとは夢にも思いませんでした」

CO（カウンセラー）：「これは私事ですが、実は私も離婚を経験したことがあります。まさかこれほど辛いと思わなかった、と言われる気持ちも味わいました」

自己開示——第2例：19歳、男性

CL：「先生もすでにお気づきと思いますが、私は口下手で人と話するのが苦手

なんです。そのため人に悪い印象を与えることが多いので苦労します」
CO：「口下手で人に悪い印象を与えると言われますが、私の受ける感じでは、話し口調も人当たりも極めていいですよ」
CL：「（少し照れた様子で）そう言っていただけるとうれしいです」

自己開示——第3例：23歳、女性
CL：「アル中の父は酔っ払って帰ってくると必ず、母と私に暴力をふるいました。それは……（うつろな表情で）……今から思うと……まるで悪夢のようです……」
CO：「今、こうしてあなたの話を聞いているだけでも、私自身身震いを覚えます。なんとも言葉では表わすことのできない恐怖とでもいうような気持ちです」

　これらの例から、カウンセラーによる自己開示技法の使い方を分かっていただけると思う。離婚の憂いに悩む第1例のクライアントに対して、カウンセラーはあえて自分自身の経験を自己開示することから、共感と理解を伝えている。このクライアントに対してはもちろん、感情反映や言い換えといった技法を用いることも可能である。しかしこれらの傾聴技法は離婚の苦痛と孤独感に焦点を当てることになり、逆にクライアントの悪感情を助長することにもなりかねない。自己開示はその点カウンセラーにも同じ経験があり、またそれを乗り越えたことを示唆するので、この例では傾聴技法より優れている。このようにクライアントの状況とカウンセリングの流れから適切なカウンセリング技法を選んで応用できるようになることは、技術訓練の大きな目標のひとつである。
　第2例は、他人に悪い印象を与えていると思い込んでいるクライアントに対しての自己開示である。カウンセラーは自分の受けた肯定的印象をありのままクライアントに明示すると同時に、その自己開示からクライアントの否定的先入意識に反論を試みている。このような自己開示の使い方は、先に述べた矛盾提示（第4章）と共通するところがある。特にこの例ではクライアントの発言

に真っ向から対立した印象を表明しているので、事実を指摘する矛盾提示に近い自己開示とみなすこともできよう。

　3番目の例では、カウンセラーがクライアントの言葉にならない気持ちを自己開示により明確化している。文脈からすると、このクライアントは心的外傷後ストレス障害（post traumatic stress disorder; PTSD）の特徴とされる解離反応を示していると思われる。このような解離性のクライアントや失感情症（アレキシシミア [alexithymia]）と呼ばれる症状をもつクライアントには、自分の心境や気分を適切に判断・表現できない人々が多い。自己開示技法はこのようなクライアントに、自分で言い表わすことのできない感情を推察・判断させるうえで、大きな手助けとなる。カウンセラーの自己開示が、いわばクライアントの代理としての感情表現をすると考えてよいであろう。

　これらの例に見るように、具体的で目的のはっきりとした自己開示はクライアントに対して極めて有益な介入手段となりうる。しかしながらこの技法はカウンセラー自身の経験や反応を披瀝するため、その誤用・乱用はクライアントに弊害をもたらす危険性を伴う。自己開示はあくまでもクライアントのためであり、カウンセラーの自己満足の手段となってはならない。従ってこの技法を使うに当たり、カウンセラーはくれぐれも自己開示を行なう意図とその適切性、またクライアントへの効果を確認する必要がある。これらを見極め、タイミングをとらえて、カウンセラーは初めて自己の心中をクライアントに打ち明けるのである。これが正しい自己開示である。こういった慎重な配慮なしの軽率な自己開示は、単なる自己顕示となってしまう。

反復：発言を繰り返す技法

　カウンセリングの状況に応じて、クライアントの発言を反復することも効果的なテクニックとなりうる。例えば、意思決定をせまられたクライアントの発言から重要点を選んで繰り返すことは、クライアントの決心を固めるのに役立つ。またクライアントの述べた「あいまいな」（ambiguous）感情や思考をカ

ウンセラーが反復することは、それらについて熟考させることになり理解を促進させる。このようにクライアントの発言の反復は極めて有効なカウンセリングの手段である。

興味深いことに、現在出版されているカウンセリング技法のテキストでは、この反復技法はほとんど言及されていない。数少ない例外としては、実証的言語学の立場から繰り返しの影響を分析したフェラーラ（Ferrara, 1994）の研究が挙げられる[11]。

他人の使った言葉と抑揚をそのまま反復することにより、話し手は発言に対して強い賛成と同意を示す。この繰り返しによる賛成は「はい」や「そうです」よりももっと強調度が高く、会話レベルでは「まったくそのとおりです」に匹敵すると言えよう。反復は、心理療法では短い発言中に頻発が見られ、5分15秒ごとに1回の割合で起こることが観察されている。（Ferrara, 1994）

フェラーラの主張どおり、繰り返しはクライアントの意見や考えに対するカウンセラーの強い共鳴を伝える。このためカウンセラーはクライアントの発言を選んで反復することが重要である。クライアントの自虐的な意見や反社会的な発言を反復することは避けねばならない（Benjamin, 1995）。

反復を行なう際、単にクライアントの発言内容だけではなく、抑揚も類似させて繰り返すことをフェラーラは強調している。抑揚が変わると同じ単語や文章を反復しても意味が変わるからである[12]。こう考えるとカウンセラーの賛同

---

[11] フェラーラは、カウンセラーによるクライアント発言の繰り返しを反復（mirroring）と呼び、クライアントによるカウンセラー発言の繰り返しである反響（echoing）と区別している。言語学的観点からは、これら2つの概念に違いがあると推測されるが、カウンセリング実践の立場からは同一視して差し支えない。

[12] 日本語では、抑揚が発言の意味決定に英語ほど大きな影響を及ぼさないことが指摘されている。しかしながら、これは程度の差であり、やはりクライアントのイントネーションにも注意を払い、できることならそのまま反復するのが技法的には本筋である。

や支持をクライアントに伝えるには、さしずめ「おうむ返し」が最も有効と言えよう。技法的には、もしカウンセラーが抑揚を意図的に操作して、それによってクライアントの気持ちや考えの明確化を試みるのなら、そのテクニックは反復ではなく語調反射と見なすべきである（語調反射・第2例参照）。

　反復に関するもうひとつの貴重な考察は、ホロウィッツ（Horowitz, 1989）によってなされた。彼はカウンセリングにおいて反復の及ぼす影響の違いを、ヒステリー（情動過多）型と強迫型という2つの性格タイプに大別して分析を試みている。彼の理論によると、印象的で感情にかられやすいヒステリー型性格のクライアントには、発言の繰り返しは隠れた意思や欲求などの認知的側面を明確にするのに役立つ。これに反し、抽象的で理屈っぽく、発言の回りくどい強迫型性格のクライアントに反復を用いると、クライアントがそれまで意識していなかった感情が浮き彫りにされ、発言の具体化につながる。つまり同じ反復でもクライアントの性格によって違った効果が生じるというのが、ホロウィッツの主張である。カウンセリング技法は一般に、クライアントの性格や状況とは関係なく均等効果を及ぼすと仮定される。それゆえホロウィッツの主張は興味深く、また反復技法は数多いカウンセリング技法中でも特異な存在と言えるであろう。

　これらをまとめてみると、カウンセリングの反復技法には次の3目的が考えられる。すなわち、（1）クライアントに対する強い賛成や同意を示す、（2）感情に揺さぶられやすい（ヒステリー型）クライアントに思考を促す、（3）抽象的で理屈の多い（強迫型）クライアントに裏に潜む気持ちを意識させる、である。これらおのおのについて具体例を考察してみよう。

反復──第1例：33歳、男性
CL（クライアント）:「僕の父は何かと言えば『おまえは馬鹿だ』とか『ろくでなし』と僕に言いました。（すすり泣く）……でもカウンセリングを受けて、自分を見つめているうちにはっきり分かったんです。僕は馬鹿じゃありません。ちゃんとした立派な大人です」

CO（カウンセラー）：「『ちゃんとした立派な大人です。』」

反復——第2例：17歳、女性

CL：「(ため息をついてから大きな声で) あ～あ、ほんとにイヤになっちゃうわ！ 何とかしなきゃ、と思うんだけどね、でも、もうどうにでもなっちゃえ、なんて考えたりもしてね……。どうしちゃおうかな？ (カウンセラーを見つめて) ねぇ、先生ならどうする？」
CO：「(クライアントを見つめて真面目な表情で)『何とかしなきゃ』」
CL：「(真剣な声で) 本当にどうしたら落第を避けられるかって考えてんだけど、どうもいいアイデアが浮かばなくって……。一体私、どこから手をつければいいんでしょう？」

反復——第3例：43歳、男性

CL：「このところしばらく考えているのですが、どうも自分は今の仕事に向いていないような気がするんです。リストラが叫ばれている昨今では自分の特性と職業適性をマッチさせるべきだ、いやそうでなくては危険だと思うんですが、それが自分の場合に当てはまるのかどうか？ また自分の適性とは一体何なのか？ こういったことがどうしても分からなくて困っています」
CO：「『どうも自分は今の仕事に向いていないような気がする』」
CL：「(うつむいて) ええ……もしリストラにあったらと思うと心配でたまりません」

第1例では長年にわたる父親からの愚弄と蔑視をのりこえ、自尊心を取り戻しつつあるクライアントの前向きな発言を、カウンセラーは繰り返している。この例に見られる反復では、クライアントの自発的な洞察と肯定的発言に対するカウンセラーの支持が伝えられている。こうした状況で、このテクニックは特にその価値を発揮する。第2例では情動過多（ヒステリー型）性格のクライアントに反復技法が用いられている。感情散漫でまとまりのない発言であるが、

カウンセラーはクライアントの質問に答える形式で要点を「おうむ返し」することにより、主張を凝縮している。これを受けたクライアントの反応（「どうしたら落第を避けられるか……どこから手をつければいいんでしょう？」）は彼女の内面にひそむ困惑を表わし、問題解決への糸口をほのめかしている。第3例も不明瞭発言の一種であるが、前例の感情にかられたクライアントとは対照的な、観念的で理屈っぽい（強迫型）特徴を示している。回りくどい言葉の裏にかくれているこのクライアントの本音は、結局のところリストラへの不安（「もしリストラにあったらと思うと心配でたまりません」）であり、カウンセラーの反復に応えてそれが表面化されている。これらの例は、カウンセリングにおいて反復が効果的なテクニックであることを証明している。

沈黙：クライアントの緘黙に接する技法

カウンセリングにおける沈黙技法とは、クライアントの緘黙、すなわち5秒以上の無言に対してカウンセラーが意識的に発言をひかえる行為を言う（Hill & O'Brien, 1999）。カウンセリング技法は通常クライアントの観察と返答であるが、クライアントの発言にじっと黙って耳を傾けること自体もひとつの反応であり、立派なテクニックである。カウンセリングの面接中に無言状態が続くとカウンセラーとクライアントの両方が不安を覚え、沈黙を保つのが極めて難しくなる。技術的に未熟なカウンセラーはこの沈黙の重みに耐え切れず、不安からクライアントに不必要な質問をなげかけたり無意味な情報提供をしてしまう（第4章参照）。こう考えると、数多いカウンセリング技法のなかでも沈黙技法は最も難しい技術のひとつと見なしてよいであろう。それゆえにカウンセリング技術上達には、クライアントの緘黙に慣れしたしむことが不可決となる[13]。

筆者はかつてある研修生から、日本のカウンセラー訓練では沈黙を奨励するあまり「面接時間のうちカウンセラーは3割以上話してはならない」と教えていると聞いて驚いたことがある。このような規範が果たしてどこから生まれたのかは不明であるが、単なる無言とクライアントを援助する目的での沈黙は

はっきりと区別されねばならない。前者はクライアントには何の役にも立たない行為であるが、後者は沈黙によってクライアントと意思疎通をはかる活動である。カール・ロジャーズ（Rogers, 1967）はしばしば数分、あるときには17分間にもわたって沈黙を守りながらの精神病患者との治療ケースを報告している。そのロジャーズは「沈黙を聴く」ことの重要性について、次のように述べている。

多くのセラピストたちは話を聞くと言うが、その話にたいした内容のない場合、これは臨床的には無価値である。私は沈黙を聴くことができる、特にその沈黙が有意義な感情につながるであろうと思われる場合には。（Meadow & Rogers, 1973）

このロジャーズの言葉から分かるように、クライアントの無意味な発話よりも意味のこもった沈黙の方が意思疎通にとっては遥かに重要なのである。しかしクライアントの緘黙に対してカウンセラーが同じく無言で対応することは単に黙っているといった消極的行動ではなく、クライアントの沈黙に秘められた感情や意味を理解しようとする極めて積極的行為・態度でなければならない。これゆえにロジャーズはあえて「沈黙を聴く」と表現したのであろう。

ではカウンセリングにおけるクライアントの沈黙は、どのような意味をもつのであろうか？　状況によりその厳密な意味は千差万別であるが、一般的には次の事柄が知られている（Cormier & Cormier, 1998; Hill & O'Brien, 1999）。

・今まで気づかなかった感情の認識や理解

---

[13] 沈黙に慣れるための「訓練法」として、筆者が直接指導を受けたウィリアム・コーミエー教授は、クライアントの沈黙が始まると同時に時間を計り、徐々に延ばしてゆくことを勧めておられた。一応の目安として1分間沈黙に耐えることができれば、あとはずっと簡単になり徐々に時間を延ばしてゆくことができる。もちろんこの沈黙はクライアント理解のためであり、単なる言葉の空白であってはならない。

- 新しい考えや視点・洞察に対する長考
- 過去の追想や記憶の回顧
- 新旧さまざまな情報の処理・整理
- 意思決定に必要な諸条件・重要性の熟考
- カウンセラーやカウンセリングに対する怒りや憤懣
- カウンセリングに対する動機欠如
- 文化的要素・背景による発言躊躇
- （失感情症・うつなどの精神疾患による）感情・意思表現の困難

このように沈黙にはさまざまな意味や根拠が内包される。大別すると最初の5項目はクライアントの思考や感情・記憶・選択肢などの思考活動の結果であり、後の4項目は意図的・文化的・心理障害による発言拒否・不能と見なしてよい。この分類からするとロジャーズの主張した「沈黙を聴く」ことは自己の内面を追求しようとする前半のクライアントに有効と思われるが、何らかの原因で発言意思や能力を欠く後半のクライアントにはそれほど効果が期待できないかもしれない。果たしてどちらのタイプの沈黙をクライアントが押し通しているのかはすべてカウンセラーの判断ひとつにかかっているのである。

　すでに述べたように、カウンセラーの沈黙はクライアントの不安を助長しやすくする。そのため、カウンセラーとクライアントの信頼関係が確立されていないカウンセリング導入期や初期での沈黙は避けた方がよい（Hill & O'Brien, 1999）。また頻繁な沈黙もクライアントをいらだたせたり不快にするので注意を要する。カウンセリング意欲に乏しいクライアントや意思疎通が困難なクライアントには、沈黙ではなく傾聴・活動技法が適している。

　沈黙技法の例として、先に挙げたロジャーズのケースを考察してみよう（Meadow & Rogers, 1973）。「ジム」と呼ばれる仮名のクライアントは当時28歳。「精神分裂症、単純型」[14]と診断され、入院1年7カ月の時点でロジャーズとカウンセリングをはじめた。「沈黙の青年」とロジャーズが書いているように、面接中に緘黙が目立つクライアントである。ここで引用する3例はすべ

て同じセッションで起こったものである。

沈黙——第1例：29歳、男性
CL：「僕はもう救いようがないんです」
CO：「ええ？　もう救いようがないと感じるのですね。なるほど。自分自身にまったく絶望してしまったと感じる。その気持ちは分かります。私としては救いようがないとは感じませんが、あなたがそう感じているということは分かりました。ほかの誰もあなたを助けることはできないし、まったく救いがたいのだと」（2分1秒　沈黙）
CO：「多分、相当めいってしまい……本当にひどく感じる」（2分　沈黙）

沈黙——第2例：29歳、男性
CL：「もうどうなっても構わない。だからどこかへ行っちゃいたいんです」
CO：「なるほど。自分のことなどまったく気にしないから、どこかへ行ってしまいたいと思う。もうどうなってもいいのだと。でも私が一言言いたいのは……あなたのことが心配だ。私は、あなたに何とかよくなってもらいたいと思います」（30秒　沈黙）（ジムは突然泣き出し、号泣する）
CO：「（優しい口調で）　なにか、今の言葉で……心の中のわだかまりを全部、一気に吹き出させてしまうのですね」（35秒　沈黙）
CO：「泣けて、泣けて、ただ泣けてしまう。本当にいやな気持ちですね」（ジムは号泣を続け、鼻をかみ、数回荒々しく息を吸う）

沈黙——第3例：29歳、男性
CO：「急がせたくないのですが、またもう少し一緒にいてほしければそうしますが、そろそろ次の面談に行かねばなりません」

---

[14] このケースが発表された1960年代当時のDSM-IIによる診断。現在（注、2003年）使われているDSM-IV-TRでは、この診断名は用いられていない。日本では統合失調症という診断名が現在では用いられている。

CL：「はい」（17 分　沈黙）
CO：「たしかに今日は大変でしたね」（1 分 18 秒　沈黙）

　見事としか言いようのないロジャーズによるカウンセリングのデモンストレーションである。ここには 30 秒の比較的短い沈黙から 17 分の長い沈黙までが含まれている。特に注目に値するのは、長い沈黙にじっと耐えるロジャーズの技量だけでなく、それに続く彼の反応が極めて共感と思いやりに満ちている点である。これらの例から、沈黙が単に黙っている行為ではなく、積極的にクライアントへの理解を目指す技法であることが一目瞭然であろう。まさに「沈黙を聴く」態度が、ここに凝縮され表現されていると言えよう。前出したように統合失調症（精神分裂症）という疾患を持つことから、このクライアントに沈黙は「技術」として適切ではなかったかもしれない。しかし沈黙が「技術」を超え、クライアントの理解・尊重のために「聴か」れたとき、心に深い傷を負ったクライアントにも変化・成長が起こるのである。

まとめ

　傾聴技法と活動技法につけ加えて、さらに 5 つのカウンセリング技法をこの章では紹介した。リフレーミングとならび語調反射・自己開示・反復・沈黙のテクニックはクライアントの感情や思考を明確にするだけでなく、カウンセラーの理解や共感・支持をクライアントに伝えるのにも役立つ。ほかのカウンセリング技法と同様、これらの技術はクライアントの状況と目的に合わせ、タイミング（間合い）をとらえて利用されねばならない。カウンセリングの技法はあくまでも意図的（intentional）であってはじめて効果的となるのであり、漠然としたカウンセリング技法の応用は無意味であるばかりでなく、クライアントに悪影響を及ぼすこともありうる。
　これらの諸技法からクライアントの自己理解が深まりカウンセラーに対する信頼も高まると、認知行動アプローチによる技法訓練では次に問題定義（prob-

lem identification）へと進むことになる。この段階でクライアントの抱える問題をはっきりと定義し、それに続いて目標設置（goal setting）を行なうのである。これらの技法について以下に述べてみよう。

第6章　クライアントの問題を定義づける技法

　カウンセリングの進行過程に基づくカウンセリングでは、傾聴や活動技法・その他の技法によって肯定的な人間関係をクライアントとの間に確立したあと、クライアントの問題定義へと進んでゆく。ここで言う問題定義（problem identification）とは、カウンセリング面接によるクライアント一人ひとりの悩みや困難の本質、およびそれらに影響を及ぼす諸要素の客観的判断を言う。問題定義に当たりカウンセラーは、問題の特定性（specificity）と的確性（precision）という2つの概念をたえず念頭に置くことが肝心である。抽象的で漠然とした概念、例えば「未熟性格」や「親母複合（エディプス・コンプレックス）」といったものなどはあいまいすぎるので除外される。また精神医学や臨床心理で頻繁に用いられる「境界例人格障害」や「不安障害」といった専門用語も診断基準としては価値があるかもしれないが、カウンセリングの問題定義に要求される特定性と的確性の条件を満たさない。従って、これらはクライアントの補足的情報としては役立っても、問題定義としては不十分である。この章では、カウンセリングにおける問題定義の意義とそれに必要なカウンセリング技法を敷衍してみる。

問題定義に関する語義について

　カウンセリングにおける問題定義を解説する前に、類似した用語について一言説明しておきたい。すでに上で用いた診断（diagnosis）という言葉は、何らかの診察基準を使って病気の本態と状況を明らかにする過程を意味する。アメリカで開発され日本でも引用されることの多い「精神疾患の診断・統計マ

ニュアル－第4版TR」(DSM-IV-TR, The American Psychiatric Association, 2000) や「国際疾病分類」(ICD, The American Psychiatric Association, 1996) によってクライアントに病名をつけるのが診断である。精神鑑定（forensic evaluation）や心理鑑定（psychological evaluation）といった成句として用いられる鑑定（evaluation）という用語は、心理面接や医学的検査も含めた多数の手段による、クライアントの精神・心理状態の司法判定を言う。診断が疾患の識別と治療を目的とするのに対し、鑑定は法的な意味合いが中心とされ、例えば犯罪を犯したクライアントが正常か異常か？　犯行時に心神耗弱であったかどうか？　といった問題が審理の対象となる。診断や鑑定に比べ、評価（assessment）や査定（appraisal）という用語は一般的である。これらの場合、単に疾病の診断や心理状態の鑑定ではなく、クライアントの性格や知能・職業適性・興味・能力・価値観など広範囲の特性が測定対象とされる。また評価・査定では通常、面接による口頭諮問以外に心理テストやアンケート・行動観察・生理反応測定なども用いられ、それらの結果から総合的にクライアントの評定が下される。このように診断・鑑定・評価・査定といった概念はすべて問題を判定し明瞭化する意味をもつが、本義はそれぞれ微妙に違っているのである。

カウンセリング理論と問題定義の関連

　問題定義に関係する用語が数多く存在することは、その概念が極めて幅広いものであり、また有意義であることを示す。しかしながら問題定義がカウンセリングにおいて実際に行なわれるかどうかは、カウンセラーの理論的背景によって決定されることが多い。多彩なカウンセリング理論のなかでクライアントの問題定義を最も重要視するのは、やはりなんといっても行動理論と認知行動理論である。これらの理論的背景をもつカウンセラーは、クライアントとの信頼関係を構築したのち、次に述べるA-B-C技法もしくはそれに類似する方法によって詳細に問題を定義し、本章の後半で解説する特定性と的確性を明確

にするのが通例である。また認知や認知行動理論を実践しなくても、逆説療法や戦略的療法などの「システム的観点」(第1章参照)でも、同様の問題決定は頻繁に応用される。これらの理論には、問題定義がクライアントの行動変容には不可欠であるという基本的な価値観が共通している。

　こうした問題定義を絶対視する認知・行動およびシステム理論の立場に対し、正反対の見解も存在する。実存・人間主義に基づく一群の理論では、クライアントの問題をこと細かく分析することは不必要のみならず、かえってクライアントの成長に逆効果をもたらすと見なされる（Corey, 2001）。実存・人間主義理論の主流である人間中心療法や実存療法・ゲシュタルト療法などでは、クライアント一人ひとりに自己実現の可能性がそなわっているとし、その啓発をカウンセリングの究極目標とする。一人ひとりの個人に内在する可能性をカウンセリングによって活発化させれば、クライアント自身が自発的に問題定義を行ない積極的な問題解決をはかってゆくととらえるのである。それゆえ実存・人間主義のカウンセラーは、クライアントの「問題」ではなく人間全体（the whole person）をカウンセリングの対象とする。突き詰めて言うなら、クライアントの存在そのものが問題とされるのである。1940年代から40年の長きにわたって米国や日本のカウンセリング界で一世を風靡したカール・ロジャーズは、多年にわたる経験からクライアントの人間性と問題との関係を次のように述べている。

　　もしカウンセラーが面接に際してゆとりを感じるのであれば、一人の人間としてのクライアントと接するべきであり、問題として取り扱ってはならない。
　　（Meador & Rogers, 1972）

ここには、クライアントの問題ではなく人間性を追及するロジャーズの態度が明らかに表われている。このように、自己実現を探求するカウンセリング理論においては、問題定義は原則として否定される。

　以上の考察から明らかなように、問題定義を絶対重視するか度外視するかは

カウンセラーの理論的背景で決まるが、ここにひとつ興味深い疑問が生じる。すなわち、特に限定された一つの理論的背景をもたないカウンセラーは、問題定義をどうとらえるのであろうか？　複数の理論を統合し折衷的アプローチ (eclecticism) をとるカウンセラーは近年増加する傾向にあるが (Norcross, 1986)、この立場に立つカウンセラーはクライアントの問題定義を試みるのか、それとも無視するのであろうか？　この問いに対する答えは、「クライアント次第」である。問題定義の必要性を決定づけること自体、厳密に言えばクライアントの「問題」を重視することになってしまうので、この解答は多少の自己矛盾を含んでいると言わざるを得ない。しかしながら、折衷主義という極めて実利的な観点からカウンセリングを見た場合、クライアントの必要性に従って問題定義の有無を決定するというやり方は極めて現実的であり、また説得力に富むものと言えよう。

　折衷派の問題定義に対する見解は、極端な例を引くと分かりやすいと思われる。ここに末期がんを告知された一人のクライアントがいると仮定してみよう。このクライアントが自分のこれまでの人生や死の恐怖をカウンセラーに訴えるとき、認知や認知行動理論が重要視する特定性や的確性といった問題定義が必要であろうか？　またそのような問題定義を行なうこと自体、このクライアントにとって有益かということも疑問になる。がん告知という極限に立たされたクライアントにとって、詳細な問題定義よりも死に直面した衝動や不安・抑うつというさまざまな気持ちをありのままに受け入れてくれるカウンセラーの存在そのものが、問題の評価よりもはるかに大切であろう。しかし、このクライアントが死を見つめ、それを事実として受容し、自分に残された時間を何とか建設的に生きたいとカウンセラーに打ちあけるなら、そのときこそ特定かつ的確な問題定義がこのクライアントに大きく役立つと考えられる。この２つの立場の差異は、前者がクライアントの「実存的」問題を扱い、後者は「行動的」問題にかかわるとみてよかろう。このように折衷派の方法論では、カウンセラーの理論背景からすべてのクライアントに問題定義を行なうのではなく、クライアント個人の必要性に合わせて臨機応変に問題定義に取り組んでゆくのが

特徴である。

　認知・認知行動理論やシステム理論などで用いられる問題定義では特定性と的確性を重んじ、クライアントの悩みや困難が具体的に詳しく分析されることはすでに述べたが、カウンセリング理論の一部にはこれとは違った独特な手段でクライアントの問題定義を行なう流派が存在する。これの典型のひとつとしてはアドラーの個人心理学が挙げられる。この理論ではクライアントの問題定義を「ライフ・スタイル」と呼ばれる独特のテクニックで行なうことが知られている（Mosak & Dreikurs, 1972）。ライフ・スタイルとは、クライアントの抱く基本的に間違ったものの考え方、およびそれから派生するゆがんだ行動の総体をさす。個人心理学のカウンセラーは、クライアントのライフ・スタイルを理解することから具体的に問題を定義し、それをもとにさまざまな技法を使ってクライアントの援助を試みるのである。このためライフ・スタイルによるクライアントの問題査定は、個人心理学の中核とされる（Corey, 2001）。

　これと類似した特殊な問題定義は、日本でも知られる交流分析（James, 1977）にも見られる。この理論ではクライアントの問題定義として、「構造分析」「エゴグラム」「交流パターン分析」「ゲーム分析」「脚本分析」といった手法が用いられる。こうした問題の定義は、個人心理学や交流分析の理論、およびそれぞれで用いられる特有の用語や概念の知識なしには理解が難しい。例えば、「このクライアントは『被害者』のスクリプトをもっている」とか、「このクライアントの根本問題は『キック・ミー』ゲームにある」と定義したところで、一般のカウンセラーには何のことかさっぱり見当がつかないであろう[15]。このような特殊用語による問題定義は、特定の理論的背景を共有するカウンセラー間では有効であっても、一般のカウンセラーへは残念ながら無用の長物である。

---

[15]「被害者」「キック・ミー」は共に他人の批判や非難をかう自罰的な対人パターンの一種。交流分析では「自分は OK でない」と信じるクライアントの自責観念を持続させる原因および行動と解釈する。

A-B-Cモデル：特定性と的確性による問題定義

いくら単純にみえる問題でも必ず複雑な側面をもつ。これは人間一人ひとりが固有の文化を所有する存在であり、それぞれ違った生理・思考・感情・行動・対人関係を保っているからである。それゆえ、同一の出来事に対してまったく違った反応が生じることもあれば、異なった原因から極めて似かよった反応が起こることもありうる。カウンセリングにおける問題定義とはこの個人差をはっきりとさせることであり、そのためには問題の特定性および的確性の探索が必要とされる。特定性と的確性は、それぞれ独立した別個のものとしてではなく、問題定義における一対の相補的な概念としてとらえると分かりやすい。この特定性と的確性の説明をしながら、以下に問題定義の技法について解説してみよう。

特定性の諸次元

特定性とは＜いつ・どこ・だれ・いかに＞という問題をとりまく時間・場所・対人的要素・状態などの諸条件である。これらの条件のうち状態に関する＜いかに（how）＞はさらに、問題の頻度（how often）・程度（how intense）・継続時間（how long）に区分される。例えば不安を例にとって考えてみると、次のような質問によって特定性が明確にされる。

・いつ、不安になるのか？（時間）
・どこで、不安になるのか？（場所）
・不安なとき、誰かいるのか？（対人的要素）
・いかに、不安になるのか？（状態）
・何回ぐらい、不安になるのか？（頻度）
・どの程度、不安なのか？（程度）
・何分（何秒・何時間）ぐらい、不安なのか？（継続期間）

このように特定性とは、クライアントの問題を取りまくさまざまな要素を詳しく具体的に定義することである。

的確性の構成要素

特定性が問題にまつわるさまざまな条件であるのに対し、的確性は＜なに＞という問題の本質そのものである。不安の例で言うなら、「なにが不安なのか？」という不安の構成要素の分析が的確性にほかならない。クライアントの問題定義において的確性を確定するには、問題を形成するクライアントの思考（cognition）・情動（affect）・行動（behavior）・生理（physiology）の4要素をつぶさに検証すればよい。不安を例にとるなら、最初の2要素である思考と情動についての的確性は、「不安とはどのような考えなのか？」「不安はどのように感じるのか？」などの不安にまつわるクライアントの「考え」と「気持ち」を、それぞれ分析することになる。第3の構成要素、行動は、問題とされるクライアントの行為や動作・行ないであり、「不安とはどのような行動か？」に対する回答が行動の的確性を表わす。最後の生理は問題にまつわる身体・器質反応をさし、脈拍・体温・血行・呼吸・分泌などの総称とされる。従って「不安はどのような生理反応を示すか？」を明らかにすることによって、的確性が決定される。これら思考・情動・行動・生理の4構成要素のうち、思考と情動は直接の観察が不可能であるため不可視反応（covert response）と呼ばれ、可視反応（overt response）の行動と区別される。生理は、可視反応（血相、発汗など）と不可視反応（血圧、鼓動など）の両方を含むため、この二分法には必ずしも当てはまらない。

的確性と時間的要因

構成要素と並び、的確性に必要とされるもうひとつの要素は時間的要因である。つまりクライアントが現実に体験する問題を即時的に＜思考・感情・行動・生理＞という4つの構成要素から的確化する以外に、問題のきっかけ（antecedent）と結末（consequence）についても同じ分析を行なって構成要素の

的確化をはかるのである。つまり問題定義では、＜思考・情動・行動・生理＞という4種類の構成要素と＜きっかけ・現状・結末＞の3段階の時間枠組みの組み合わせで的確性を決定すればよい。これを図式化してみると、分かりやすくなるであろう。

	きっかけ（A）	現状（B）	結末（C）
思考（t）	A・t	B・t	C・t
情動（a）	A・a	B・a	C・a
行動（b）	A・b	B・b	C・b
生理（p）	A・p	B・p	C・p

要素と時間をかけ合わせたこの4×3のマトリックス（行列）は、きっかけ（A）・現状（B）・結末（C）の時間帯につき、思考（t）・情動（a）・行動（b）・生理（p）の情報がそれぞれ繰り返し収集されることを示している。この問題定義の技法は時間推移を表す大文字のA-B-Cをとり、一般にA-B-Cモデル[16]と呼ばれる（Cormier & Cormier, 1979, 1998）。

A-B-Cモデル

上の図に示された、クライアントの問題を構成要素と時間要因というマトリックス（行列）によって的確化させ定義を試みるというA-B-Cモデルは、認知行動理論の根本的な原則に基づいている（O'Leary & Wilson, 1987）。一

---

[16] A-B-CはそれぞれA（*A*ntecedent、きっかけ）、B（problem *B*ehavior、現状）、C（*C*onsequence、結末）である。このA-B-Cモデルとよく似た方法論として、A. ラザラスの提唱したマルチモード・セラピーがある。ラザラスは問題の構成要素を4種類ではなく7種類に区分し、それらの頭文字からBASIC-IDと名づけた。すなわち、行動（*B*ehavior）・情動（*A*ffect）・体感（*S*ensation）・イメージ（*I*magery）・思考（*C*ognition）・対人関係（*I*nterpersonal relationships）・薬物（*D*rugs）である。これらのうち体感を生理と見なしイメージを思考の一種と考えると、ラザラスのアプローチは対人関係の有無を別として、コーミエーらのA-B-Cモデルの分類と極めて類似している。

見複雑にみえるこのアプローチは、自分自身の問題の本質をよく理解していなかったり、問題発生の前後関係についての認識の浅いクライアントに、問題を詳細に分析させ洞察を深めるのに特に有効な手段となる。しかしこの技法は、クライアントの問題についての細かく具体的な情報収集を可能にする反面、不慣れなカウンセラーの手にかかると問題の枝葉末節にとらわれることから、かえってクライアントに困惑をもたらすことになりやすい。そのためカウンセラーはA-B-Cモデルの応用に熟練していることが理想である。上達すると短時間のうちにクライアントの問題の全体像を的確に判断できるようになる

　A-B-Cモデルを使っての問題定義に当たり、カウンセラーは傾聴や活動などの幅広い技法を駆使することになるが、最も頻繁に利用されるのはやはり探索技法である。しかし探索技法の解説のところで注意したように、質問の繰り返しは詰問される感じや単調で無愛想な印象を与えやすい（第4章参照）。そのためカウンセラーは開放型と閉鎖型の探索技術を用いて特定性と的確性に必要な情報を収集しながら、同時にクライアントの反応や様子に細心の注意を払い、傾聴技法による理解と共感を伝える努力を怠ってはならない。この点において、問題定義を必須と見なす行動や認知行動理論もクライアントの「問題」ではなく「人間全体」を問題定義の対象としており、実存・人間主義理論と軌を一にすると言えよう。クライアントに対する人間性尊重の態度と質問による悪影響を防ぐため、探索に先がけて「これからいろいろな質問をしますが、これはあなたの問題をできるだけ詳しく、具体的に理解するためです」とひとこと情報提供することも有効な手段である。

　特定性と的確性がA-B-Cモデルでの問題定義の核心である以上、探索技法で収集する情報は当然、詳しく正確であることが望まれる。そのためクライアントの主観的な返答やあいまいな応答については、なるべく客観的で具体性に富む情報を引き出すことが必要となる。技法的には、傾聴技法の明確化がこの目的に特にかなっていると言えよう。探索によって得られた数々の情報について、カウンセラーは明確化の後押しによってはっきりとさせるのである。「〜と言われたのですね」「つまり〜ということですか？」といった言い回しが、

クライアントの問題をはっきりとさせるのに極めて効果的となる。

　特定性・的確性に効力のあるもうひとつのテクニックは数量化による探索である。「この問題に関しての苦しみをゼロから最悪の10までにたとえると、どれくらいですか？」とか「今から何年前に離婚を考えはじめたのですか？」という探索は具体的な数字による情報を求めるため、単なる「痛みはどれくらいですか？」「いつ離婚を考えはじめたのですか？」などの開放型探索よりもはるかに優れている。このように問題の定義に当たっては、単に探索技法だけでなく、これまで見てきた傾聴や活動・その他の技法をフルに発揮することが、カウンセラーには要求される。

A-B-Cモデルの具体例

　特定性と的確性を分かりやすくするために、「テスト不安」を訴える大学生のクライアントを例にひいて問題定義を行なってみよう。テスト不安という概念自体は漠然としているが、問題の現状（B; problem behavior）に関する特定性と的確性をA-B-Cモデルで分析してみると次のようになる。

現状（B）
　　［特定性］
　　　　いつ：　試験、特に数学の問題に取りかかる時
　　　　　　　 他の受験者がさらさらと答案を書く音が聞こえた時
　　　　どこで：大学の教室
　　　　だれ：　他の受験者・試験官
　　　　なに：　不安（的確性を参照）
　　　　いかに：頻度——試験のときかならず（毎学期4、5回）
　　　　　　　 程度——相当ひどい（5を最悪とする5段階で5）
　　　　　　　 継続時間——試験時間中ずっと
　　［的確性］

思考： 「この試験に落第するのではないか？」
　　　　「他の受験者はスラスラ答案を書いているに違いない」
情動： 心配・はらはら
　　　　いらだち
行動： 答案用紙を見つめる
　　　　問題を読もうとするが読めない
生理： 手が汗でぬれる
　　　　心臓がドキドキする

　これらの情報によると、クライアントの不安は特に数学のテストにおいて顕著とされる。その頻度・程度・継続時間すべてにおいて最悪の状態であり、教室で試験官を意識し、他の受験者のペンを走らせる音を耳にするときにいちじるしい（特定性）。テスト不安の具体的な内容は、4種の構成要素を集約すると次のようになる（的確性）。

・試験の結果に対する悲観的予測と自己の過小評価（思考）
・いらだちと緊張感（情動）
・答案用紙の凝視と問題解読不能（行動）
・緊張による手の汗ばみと動悸（生理）

　これが、特定性と的確性からまとめられたクライアントのテスト不安の現状（B；problem behavior）である。
　この現状に問題定義のきっかけ（A；antecedent）と結末（C；consequence）を付け足してみよう。クライアントのテスト不安はどういう糸口から起こり、またどのような波紋をきたすのであろうか？　こうした時間的側面からの問題考察は、これらの疑問を解くだけでなく、問題の解決に貴重な情報を提供することが多い。まずクライアントのテスト不安のきっかけを探ってみると、次の事実が明らかになる。

きっかけ（A）

　　［特定性］

　　　　いつ：　試験のはじまる数分前

　　　　　　　　試験官が問題・答案用紙を配り始めた時

　　　　どこで：試験が実施される教室

　　　　だれ：　試験官・他の学生

　　　　なに：　不安（的確性を参照）

　　　　いかに：頻度——試験のたび毎回

　　　　　　　　程度——5段階で3

　　　　　　　　継続時間——問題用紙の問題を見るまで（数分）

　　［的確性］

　　　　思考：　「もし緊張したらどうしよう？」

　　　　　　　　「あがるな！　落ちつくんだ。リラックスしろ！」

　　　　情動：　緊張する・ピリピリする

　　　　行動：　目をつむって腹式呼吸に務める

　　　　生理：　心臓がドキドキし始める

　　　　　　　　全身の筋肉が緊張するようだ

　　　　　　　　手が武者震いする

　この分析によるとクライアントは、すでにテストの開始前、試験場で他の学生や試験官の姿を目にした時点で中程度（3）の不安を報告している。しかしクライアントの思考を調べると、このきっかけ段階での不安は、先に問題の現状（B）で観察された試験の結果や自己の能力に関するものではなく、不安自体のコントロールにかかわる予期不安、すなわち「不安になることの不安」である。つまり、時間の経過により「不安」の意味が微妙に変化していることが分かる。事実、クライアントは腹式呼吸により緊張感を抑えようと務めるが（行動）、不安の身体的反応はすでに顕著である（生理）。こういった予期不安は、不安にとらわれやすいクライアントに特に多いことと一致する（Fujita,

1985)。

　問題のきっかけ（A）と現状（B）に続き、問題定義は最後に残された結末（C）の考察へと進む。再び特定性と的確性を検討してみよう。その結末は下記のように整理できる。

結末（C）
　　［特定性］
　　　　いつ：　答案用紙を提出して試験場を出てから3〜4日間
　　　　どこで：特に限定されず
　　　　だれ：　友人・親
　　　　なに：　不愉快（的確性を参照）
　　　　いかに：頻度――（特に試験直後）　試験のことを尋ねられる時
　　　　　　　　程度――5段階で3
　　　　　　　　継続時間――数分間
　　［的確性］
　　　　思考：　「自分はダメだ。また失敗してしまった」
　　　　　　　　「済んだことは考えるな」
　　　　情動：　気がふさぐ・むしゃくしゃする
　　　　行動：　親に試験のことを聞かれると八つ当たりする
　　　　　　　　酒を飲む（ビール大瓶2・3本）
　　　　　　　　友人とマージャンする
　　　　生理：　目がチカチカする
　　　　　　　　肩がこる

　結末の問題定義によると、予期不安に始まり、現状不安から実力を発揮できずに終わったクライアントは、試験後に「不愉快」になると報告している。自己に対する失望と試験のことは考えまいと努める反面、憂うつ感にかられ、親には憤怒し、酒とマージャンで気晴らしをはかろう努める。また眼精疲労と肩

こりも訴えているが、これらは不安が与える身体的な悪影響と見なしてよいであろう。

このようにクライアントの問題を思考・情動・行動・生理に区別し、それをきっかけ（A）・現状（B）・結末（C）という時間軸にそって分析してゆくA-B-Cモデルは、その特定性と的確性から極めて詳しい情報を提供し、問題の定義には欠かすことのできない技法である。こうして得られた情報はカウンセラーだけでなくクライアント自身も自覚していない問題の特徴や構造を明確にすることも可能にしてくれる。

しかし、問題定義は単なる情報収集ではない。問題定義も含めカウンセリングのすべての過程において、クライアント全人格の傾聴・理解に努めることがカウンセラーの役割である。この認識と自覚がカウンセラーに欠けるなら、ここで述べた問題定義のテクニックはクライアントへの単なる尋問か、または込み入った詮索の方法になりさがってしまうであろう。ロジャーズが提唱したクライアントに対する真の共感と尊敬、またカウンセラーの透明性を、問題定義のプロセスの中でクライアントに対していかに伝えてゆくか？ またクライアントとカウンセラーの間に構築された「安心できる場」、ラポートをどう維持してゆくか？ 問題の定義に当たりカウンセラーは、こうした事柄についても十分考慮せねばならない。

問題定義に役立つその他の探索事項

クライアントの問題定義をA-B-Cモデル、特に特定性と的確性についてこれまで熟考してきたが、問題定義で探索すべきその他いくつかの事柄について述べてみよう。これらの探索は問題に対するクライアントの態度やそれに関係した事項であり、クライアントの全体像を把握するのに役立つことが多い。

過去の問題解決の試み

一部の例外を除いて大抵のクライアントは、カウンセラーのもとを訪れる前

に、自分なりに何とか問題を解決しようと試みているものである。特に繰り返し同じ問題に悩む場合、クライアントが以前それにどのように対処したか？という知識はカウンセラーにとって有益となることが多い。問題に接するクライアントの態度自体が、その人物の価値観を示すからである。自分が直面した困難や悩みに対して何もせず放置しておいた人物と、必死になってそれを克服しようとしたクライアントの間に、大きな違いがあるのは瞭然である。しかし視点を変えるなら、問題の克服に努力したクライアントほど、問題の解決に対してこれまで失敗経験を重ねてきた人物といってよい。このようなクライアントに対しては、不成功の原因や失敗に対する気持ちを理解することも、カウンセリングにおいて大切となる。

過去のカウンセリング経験

　問題に対するこれまでの対処の仕方につけ加えて、過去にカウンセリングを受けた経験があるのか？　もしそうなら、どこで・どれくらい・どのようなカウンセリングを誰から受けたのか？　どのような問題について話し合ったのか？　過去のカウンセリングの良かった点、良くなかった点は何か？　なぜもとのカウンセラーのところに戻らないのか？　必要とあればクライアントの同意の上で以前のカウンセラーに連絡をとり情報を得ることは可能か？　といった疑問がカウンセラーに湧いてくるであろう。

　こういった探索は、クライアントのカウンセリング歴のみならず、カウンセリングに対する考えや感情についての貴重な情報を提供してくれる。また過去のカウンセラーのアプローチやその結果を理解することは、クライアントの困惑を防ぐことにもなる。例えば過去のカウンセラーが自分とはまったく異なった理論的アプローチを用いたのなら、予想される違いを前もってクライアントに伝えると、余計な心配や当惑を取り拭い去ることにつながる。また、過去に失敗に終わったアプローチは当然避けるべきである。しかしこの常識的なことも、クライアントのカウンセリング経験を知ってはじめて可能となるのである。

問題に対する反応

クライアントやその家族は問題に対してどう反応したのであろうか？　人間が社会生活を営み、さまざまな対人関係のなかで生きていく以上、クライアントの問題は個人だけでなくその周囲を取り巻く人々にも影響を及ぼす。この影響に対してどう反応するかは興味深い事柄である。クライアントやその家族は「見て見ぬ振り」をして否定の態度をとったのか、それともパニックや混乱状態に陥ったのか、では問題への反応がまるで違う。こういった問題に対する反応のパターンから問題診断を行なうことは必須であり、家族療法理論の一部ではすでに試みられている（Kaslow, 1996）。

災禍歴、既往症、その他の関連情報

特定性と的確性を主軸とするA-B-Cモデルは、現状の問題とそのきっかけ・結末については詳しい情報を提供するが、クライアントが遭遇した過去の重要な出来事や疾病歴、過去・現在に処方されたり常用している医薬品、アルコールや煙草・その他の嗜好品については探索が行なわれない。極度の不安と焦燥を訴えるクライアントが、実はカフェイン含有率の高いコーヒーの常飲者であり、その摂取量を減らしたところ症状が急速に改善したという例を筆者は知っている。また最近日本でも話題とされるようになった心的外傷後ストレス障害（PTSD）では、クライアント自身がトラウマ（心的外傷）の原因となる禍害に気づかずにいたり、忘れていることも考えられる（Herman, 1992）。このためカウンセラーは、一見無関係に思える過去の重要な出来事や医学的データに関しても、問題定義の一環としてクライアントから情報を集めるのが望ましい。

まとめ

クライアントの問題定義は、カウンセラーの理論的背景とクライアントの状況により、その必要性が決定されるべきである。さまざまなアプローチが現存

するが、認知行動理論の立場からはA-B-Cモデルがカウンセリングにおいて用いられる。この技法は、問題にまつわる条件の分析（特定性）と内容の詳細な記述（的確性）から成り立つ。すなわちクライアントの提示する問題について、カウンセラーは、問題がいつ・どこで・どのような条件のもとで起こり、それをクライアントの思考・情動・行動・生理の側面にそって、きっかけ・現状・結末の時間的推移に合わせて敷衍するのである。しかし、こうした精緻な「問題」の定義を行なうに当たり、カウンセラーは困難に直面し苦悩する一人の人間としてのクライアントを決して忘れてはならない。カウンセリングはあくまでもクライアントが中心である。この認識がなければ、問題定義は単なる質疑応答になりかねないであろう。傾聴・活動技法というカウンセリングの基本技術をフルに活用しながら、クライアントに共感的理解を伝える一層の努力を払うことが、問題の定義にも要求されているのである。

第7章　目標を設定する技法

　クライアントの問題をA-B-Cモデル、すなわち＜思考・情動・行動・生理＞の構成要素と＜きっかけ・現状・結末＞の時間軸によるマトリックスによって詳しく具体的に定義すると、カウンセラーとクライアントはこの情報をもとに目標設定を行なう。問題が明確になった今、その解決には何が必要とされるかを決定するのである。この章では、この目標設定の技法について説明してみる。

カウンセリング理論と目標設定

　前章で、クライアントの問題を正式に定義するかどうかはカウンセリング理論によって異なると述べたが、これは目標設定についてもあてはまる。つまり具体的なカウンセリングの目標を選ぶかどうかは、カウンセラーの理論的な立場によって決定されるのである。しかしながらクライアントの苦しみや悩みの緩和、不適応な行動の改善、自立への援助と促進、現実的な意思決定への支援、ひいては自己実現の奨励は、カウセリング理論全般に共通する根本的な目的であると考えられる（Goldfried & Padawer, 1982）。このため目標を設定するか否かは、さしずめカウンセリングの目的を具体化するかどうかの違いであり、カウンセリングの本質にかかわるものではないと言ってよいであろう。

　数多いカウンセリング理論のなかで目標設定を最も重要視するのは、問題定義と同じく、行動理論と認知行動理論である。この2つの理論は、人間の行動はそれを規定する要素と条件を変化させれば変容する、という認識が大前提とされている。問題の定義に当たり特定性と的確性が強調されるのも、結局はク

ライアントの問題解決に必要な要素と条件を明らかにするためであり、A-B-Cモデルによって得られた情報をもとに、カウンセラーとクライアントは具体的なカウンセリングの目標を設定することになる。これと対照的な立場は、言うまでもなく分析的理論や実存・人間主義的理論である。これらの理論では、無意識の意識化や自己実現がカウンセリングの目標とされるため、具体的な目標の設定は不必要のみならずカウンセリングの本意に矛盾し逆効果を及ぼすとすら見なされる。言い換えるなら、一時的な目標ではなく生涯を通じての「真の自己」理解と追求がカウンセリングの目標と考えられているのである。

このように特定の目標を度外視する理論的見解があるにもかかわらず、カウンセリングの実際においては、現実的なゴール設定はやはり有益なことが多い。特に最近では、金銭的理由や時間の束縛からブリーフ・セラピーと呼ばれる短期間のカウンセリングや、また特定の問題に対して現実的で速やかな解決を要求する問題解決カウンセリング（solution-focused counseling）（O'Hanlon & Weiner-Davis, 1989）の人気が高まっているが、こうしたアプローチでは問題の明確な定義と具体的な目標設定が強調されている。興味深いことは、無意識に焦点をあてたり自己実現を志すカウンセリングでさえも、目標を立てる兆しを見せはじめ、古典的な分析手法や実存・人間的アプローチにも修正がほどこされるようになりつつあることである（Butler, Strupp, & Binder, 1992; Horowitz, 2000; Hoyt, Rosenbaum, & Talmon, 1992）。こうした傾向は、目標設定が多くのカウンセリングにおいて必須の要素となってきたことを示している。

目標設定の特長

カウンセリングにおける目標設定には、次の長所が挙げられている（Cormier & Cormier 1998）。

・カウンセリングの目的を明確にする。
・カウンセリングの成果を挙げるのに必要とされる技術や知識・技能・経験を

クライアントが身につけているかどうかを判断する。
・問題解決の手段をクライアントに考えさせる。
・クライアントに合ったカウンセリングの技法を選ぶ。
・クライアントの進展状況をチェックする。
・クライアントに期待を持たせる。

　第1の利点は、目標を設定することにより、カウンセリングの目的が明瞭になることである。目標が明確にされると、カウンセラーは自分の価値観や理論的背景からではなく、クライアントの期待にそった目的に向けてカウンセリングを進めてゆくことができる。
　目標設定の2番目のメリットは、目的達成のために必要な手段やスキルをクライアントが修得しているかどうかを確かめることができる点にある。例えば、コンピューター関係の就職を目指すクライアントには、カウンセラーはまず、クライアントがどの程度のハードウェアやシステム工学の専門知識・プログラミング経験・資格等を有しているかを判断せねばならない。この情報に基づき、カウンセラーはクライアントに具体的な目的達成の援助、もしくは目標の再検討を促すことができる。
　目標設定の第3の利点は、クライアントに「何をすべきか」を考えさせることである。多くのクライアントにとって目標を自覚することは、単に自分自身を見つめる絶好の機会であるばかりでなく、問題解決の糸口になることが多い。これはゴール達成への動機を高めるという理由に加えて、目標を絶えず念頭におくことにより問題解決の「潜伏化」が進むからである、と考えられている（Bourne, Jr., Dominowski, & Loftus, 1979）。またクライアントに目標をはっきりと認識させることは、カウンセラーまかせの消極的な態度から自分自身で問題解決に取り組むという積極的な姿勢を促すことにもつながる。
　第4の「クライアントに合ったカウンセリングの技法を選ぶ」という利点は、日本の一部のカウンセラーにはなじみの薄い概念かもしれない。とりわけ人間中心カウンセリングや分析理論の実践家は「感情の反映」や「転移の解釈」を

クライアントの行動や態度の中心技法と見なすため、これらの技術を繰り返し使えばすべてのクライアントが自ずから問題解決へ向かってゆく、と信じる傾向が強い。これは理論的に重宝であり、カウンセラーにとっては魅力的な仮説であろう。しかし残念ながら、これを実証するデータは今のところ見当たらない（Ingram, Hayes, & Scott, 2000）。むしろ逆に最近のカウンセリングの研究によると、クライアントの問題内容や症状・性格（Petry, Tennen, & Affleck, 2000）やカウンセリングの進行過程（Reed, Velicer, & Prochaska, 1997）に合わせた技法の選択がカウンセリングの成功につながることが報告されている。この事実から推測するかぎり、クライアントの目標によりそれに最も適した技法を選択することはカウンセリングの効果を高めると考えるべきであろう。

　カウンセリングにおいて目標を明示することの5番目の特長は、クライアントの進歩や低迷を確かめやすいことである。クライアントの望む目的を明確にし、それを系統的に分割しいくつかの実行可能な目標として明記すると、カウンセリングの進展状況が把握しやすくなる。またクライアントに困難な目標が確認された場合、クライアントとカウンセラーがそれに対して適切に対処することも可能になる。これは、目標設定がカウンセリング過程において強力なフィードバック作用を及ぼすという理由によるものである。

　目標を設定する最後の長所は、その心理的効果である。目的に合わせて具体的・現実的な目標を設定し、それを順々に達成してゆくことは、クライアントが自分の望む目的を果たすだけでなく、自己とカウンセリングに対する期待と信念を抱くことにもつながる。バンデューラはこれを自己効力感（self-efficacy）と名づけ、カウンセリングを含めた自己変革全般における最も重要な要因のひとつであることを実証してみせた（Bandura, 1977, 1982; バンデューラ、1997）。これは目標の設定がクライアントの自己効力を高める強力な手段であり、カウンセリングの成功には欠かせない条件であることを意味している。

　これらから分かるように、目標を明確に設定しそれを着実に成し遂げてゆくことは、クライアントとカウンセラー双方に対し極めて効果的な影響を与える。従って理論的立場にかかわらず、目標設定はカウンセリングにおいてもっと取

り入れられ活用されるべきである。

理想的な目標の特徴

　カウンセリングの実際においては、どのような目標が理想とされるのであろうか？　まずカウンセラーの援助のもとにクライアントの選ぶ目標は、具体的でなければならない。Egan（1998）は、カウンセリングの目標設定とは「結果を生じさせるための問題処理」であり、「少し運動を始めたいと思う」といったたぐいのあいまいな所信表明ではなく、「向こう6カ月以内に1週間に最低4回、3マイルを30分以内で走るようにする」と明確にすることだ、と述べている。これはとりもなおさず目標が具体的でなければならないことを示している。A－B－Cモデルの問題定義では特定性と的確性がはっきりと打ち出されているので、具体的な目標の設定に極めて有利となる。

　具体性につけ加えて現実性も大切な要素である。いくら具体的な目標でもそれが現実的でないならば、目標としては不適格である。理想の高すぎる目標は実行不可能の原因となりやすく、短期間で失敗に終わりやすい。急速なダイエットや禁煙の成功率が低いことが、これを証明している。また複雑で込み入った目標も避けるべきである。クライアントにとって現実性のある目標は、単に行動や態度を一変させるだけではなく、それの維持が可能であることが必要とされるからである。

　目標はまたクライアントの価値観や文化的背景に合致していることが望ましい。いくら具体的で実行可能な目標でも、クライアントに違和感を与えたり社会的制裁をもたらすものであれば、それは無謀である。一例を挙げるなら、個人主義を重視するアメリカと和を強調する日本では、人間関係における自己主張の意味が違っている。この社会的・文化的相違を考慮せず、タテ社会と言われる日本の対人関係の機微を無視して、自分の意見を徹底して主張するアメリカ的理想をカウンセリングの目標として日本人クライアントに押しつけるとすれば、それは理不尽である。同様に、いくら合理的な最終目標であっても、そ

れがカウンセラー自身の価値観により決定されたもので、クライアントの人生観や理想にそぐわないものであれば、それは不適当な目標のこじつけとなってしまうであろう。

最後にカウンセラーは、設定された目標が分別をこころえ良識に導かれたものであることを確認するべきである。自分や他人を傷つけたいとか建築物を破壊したい、といったような反社会的な行為や犯罪を意図する試みは絶対に目標としてはならない。またたとえ不法行為ではなくとも、衝動的な行ないやクライアント自身や他人に危険を伴う活動なども、カウンセリングの目標とはならない。これは一見当然のことのように思われるが、クライアントによっては常識の判断を欠く場合も十分考えられるので注意を要する。もしクライアントが間違った目標を達成するのを援助することになれば、カウンセラーは専門家としての倫理規定、極端な場合には法律を犯すことにもなりかねない。

このように、理想的な目標とは具体性と現実性に富み、クライアントと社会の価値観にも合致した適切なものでなければならない。これら一つひとつについてカウンセラーは十分な注意を払い、クライアントと共同で目標を設定してゆくのである。

目標設定の技法

前節では、カウンセリングにおける目標についての理論的背景と利点を考察した。ここでは目標設定の具体的な方法について説明してみよう。目標の設定においてカウンセラーは、次の4つの事柄について系統的にクライアントの意思決定を援助すればよい。すなわち、

・最終目標（outcome goals）の設定
・目標の具体化・現実化（goal specificity）
・目標達成に伴う利益と損失（goal advantages and disadvantages）の評価
・小目標（subgoals）の設定

である。

最終目標の設定

　ゴール設定の第1は、最終目標の設定である。多くのクライアントは、カウンセリングの目的として苦悩の軽減や不満の解消を求める。苦痛の除去は確かにカウンセリングの重要な一目標であるが、必ずしも最終目標とは限らない。例えば慢性病を患ったり、リストラにあい失職したクライアントには、病気の回復や再就職という目前のゴールだけでなく、変化への適応、新たな意思決定、生活態度の安定や人間関係の改善、といった長期的な事柄も極めて重要な目標となる。カウンセリングはあくまでもクライアントの生活の質（quality of life）を高めるものでなければならず、目標設定ではこれを基準にまず最終目標を決定するのである。

　最終目標の設定に当たり、A–B–Cモデルによって決定された問題定義が極めて有益な情報源となる。前章で説明したように、このモデルはクライアントの問題を＜思考・情動・行動・生理＞の構成要素と＜きっかけ・現状・結果＞という時間的要因の両面から分析するので、クライアントの現実的な最終目標の設定を容易にしてくれる。またクライアントの問題定義からカウンセリングの最終目標を設定することは、カウンセラーの価値観や先入観によってゆがめられた目標を回避するのにも役立つ。A–B–Cモデルによる情報をもとにカウンセラーの援助を受けながら、クライアントはまず第1により実り多い人生を実現させるための最終目標を決定するのである。

　最終目標を設定するに当たり、具体的なクライアントへの話しかけ方としては、開放型の探索を使った言い回しが適当である。いくつか例を挙げてみよう。

・「こうして自分の問題をいろいろな角度から検討してみて、自分の思考や感情・行動・生理反応をどのように変化させたいですか？」
・「『対人関係をよくする』という目標を達成した自分は、どのような人間になるでしょう？」

・「カウンセリングの結果、満足のゆく人生を送っている自分自身を想像するなら、どのような姿を思い浮かべますか？」

　最初の発言がA-B-Cモデルの要素を念頭においた問いかけであるのに対し、3番目は最も自由闊達な言い回しである。2番目はこの2つの中間に位置するといってよかろう。これらの例から分かることは、カウンセラーはA-B-Cモデルにそって問題の構成要素を明白にしながら（「自分の考えや感情・行動・生理反応がどのように変化するべきだと思いますか？」）目標の設定を試みてもよいし、またA-B-Cモデルから離れてもっとオープンにクライアントの期待する変化像に焦点をあてながら（「満足のゆく人生を送っている自分自身を想像するなら、どのような姿を思い浮かべますか？」）最終目標を打診してもよいということである。これらの表現をどう使い分けるかは、問題に対するクライアントの認識のレベルによる。すなわち最終目標を具体的に見定めることのできるクライアントには自由形式の問いかけを用いてよいが、これが難しいクライアントにはA-B-Cモデルの原型に近い表現を使うのである。

　どのような問いかけの表現を用いるにせよ、最終的に設定された最終目標は「～したい」「～する」「～を目指す」などの肯定的な表現で表わすことが肝心である。これは、「～したくない」「～しない」「～を避ける」といった否定表現が逆説的効果（paradoxical effect）を及ぼしやすいという理由による（Cormier & Nurius, 2002）。逆説的効果とは、「不安になるまい」「緊張してはならない」と考えれば考えるほどかえって余計に不安・緊張が高まる心理機制に代表されるように、意図する目的と正反対の結果に陥る現象を言う。このようなクライアントに対しては、「十分リラックスできるようにする」「体も心も楽だ」というゴールのように、最終目標は肯定的に表現するのが原則である。

目標の具体化・現実化

　カウンセリングの最終目標が設定されると、カウンセラーとクライアントは次にその目標を具体化せねばならない。目標の具体化とは、最終目標をクライ

アントのおかれた環境や条件、例えば時間や場所・対人的要素・状況などについて明記することである。目標の具体化は設定された最終目標の詳細をクライアントに明らかにするだけでなく、その目標が実行可能かどうかという現実性を確認させることにもつながる。これを禁煙を例にとって考察してみよう。「禁煙する」という最終目標は概念としては明瞭であっても、それが実際に何を意味するかはクライアントには漠然としていることが多い。これではせっかくの最終目標もクライアントの希望に終わってしまいやすく、最悪の場合には目標達成の失敗ともなりかねない。しかしこれを次のように具体的に定義すればどうであろうか？

- ノンスモーカーとしての自覚をもつ
    （例えば、他人の喫煙を避けられない職場・会議・レストランなどでは仁丹や飴・ガム、また心理的な方法で対処して切り抜ける）
- ノンスモーカーとして他人から認識される
    （例えば、家族の喫煙者には換気扇の下でのみ喫煙してもらう）
- シガレットフリーの生活をエンジョイする
    （例えば、自宅の煙草や灰皿を捨て去り、旅行や食事の際には必ず禁煙車や禁煙席を利用する）

このように具体化・現実化された目標は、抽象的であった禁煙という目的をクライアントにはっきりとさせるだけでなく、果たしてこのゴールが実行可能かどうかを確かめるのにも役立つ。

目標達成に伴う利益・損失の評価

カウンセリングの最終目標が具体的に設定され、その現実性が確認されると、次にその目標のもたらす具体的な影響についての検討を進めねばならない。悩み苦しむクライアントが問題の解決を切望するのは当然である。しかしカウンセリングの目標を成しとげることが、実際に自分の人生や生活にどのような影

響を与えるかを予想するのは、意外と困難であることが多い。目標の達成が必ずしも好結果だけをもたらすとは限らないし、また反対に予期しなかった影響が現われ、思わぬ逆効果を生むことも考えられる。このためカウンセラーとクライアントは目標の利益と損得についてじっくりと検討を重ねる必要がある。

　目標達成の逆効果について、再び禁煙の例をとって考察してみよう。煙草の有害性はもはや疑う余地のない事実であるが、喫煙はパターン化された行動と煙草に含まれるニコチンの作用により一時的に心理・生理的なストレスを抑制するという働きをもつ。このため禁煙直後のクライアントは会議中などに手持ち無沙汰を覚え、かえって予想外のイライラを感じることが多い。言い換えるなら、喫煙という行動はクライアントにとって一種の「ストレス発散」の役割を果たしていると考えられるため、健康生活に望ましい禁煙という行為はクライアントに思わぬ逆効果を及ぼすことになりかねない。またニコチンは食欲を抑制するため、禁煙は体重を増やすという事実も最近報告されている（Borrelli, Spring, Niaura, Hitsman, & Papandonatos, 2001）。このため目標設定において禁煙初期につきものの焦燥感や体重増加という影響を考慮しないと、禁煙の維持はクライアントにとって極めて困難となってしまう。こういった目標の達成に伴うマイナス要素は一般に「２次収穫」（secondary gain）とか「疾病（しっぺい）利得」と呼ばれ、カウンセリングの目標設定において慎重な検討を要する。

　目標の利益と損失の評価には、次のような探索の語法をカウンセラーは用いるとよい。

・「カウンセリングの目標を成しとげたら、自分にとってどのようなプラスとマイナスがあると思いますか？」
・「今こうして検討している目標を達成することの、どういう点が一番魅力ですか？　逆にイヤなことというか何らかの悪影響は考えられませんか？」
・「自分自身や生活パターンを変えることには多くの変化が伴います。カウンセリングのゴールを達成することのメリットとデメリットを３つ挙げるとす

れば何でしょう？」

　一般的にクライアントは目標に関しての肯定的な結果については問題なく答えることができるが、逆効果の可能性に関しては戸惑いや困難を示すことが多い。このような場合、先の２次収穫についての認識があいまいなことが原因である。こうしたクライアントには「カウンセリングはあなたの人生にプラスの変化を与えますが、変化が起こるということはそれと同時に現在とは違った状況になることです。この目標に到達することによって何か好まざる結果が生まれるすれば、どういったことでしょう？」といった補足的な説明を加えると効果的である。２次収穫の明確化はクライアントにとって目標の現実、プラス・マイナスをはっきりと認識させるとともに、それを維持する動機を高めるのにも役立つ重要な要素である。

　２次収穫の明確化とともに、カウンセラーはそれへの対策についても慎重な考慮をせねばならない。多くの場合、クライアントの目標達成はこの２時収穫の処理にかかっているといっても過言ではない。そのため対応策をできるだけ具体的かつ現実的な形でクライアントに提示することが重要となる。例えば禁煙に伴う２時収穫の対応策としては、次のような方法が考えられる。

・煙草が吸えなくてイライラしたら、深呼吸やボトルの水、ストレッチ体操で気分の転換をはかって対処する
・禁煙の効果で食欲が増えたら、食べ過ぎに注意する
・禁煙を含めた健康増進の一環として、エクササイズもはじめる

　このような現実的な対処法はコーピング（coping strategy）と呼ばれ、目標達成に重要な役割を果たす。

小目標の設定
　目標設定の締めくくりは、具体化されたカウンセリングの最終目標を分割し

て小目標を設定することである。行動理論や認知行動理論では、行動変容のねらいとされる照準行動（target behavior）を小単位に分解し、簡単なものから複雑なものへと段階的に配置してゆく。これは行動変化に伴う違和感やストレスを最小限に抑え、クライアントが無理なく徐々に目標に到達できることを意図したものである。この方法は一般に漸進的近似法（successive approximation）という名称で知られ、この応用による行動変化のテクニックはシェーピング（shaping）と呼ばれる（Karoly & Harris, 1986; Rimm & Masters, 1979）。漸進的近似法は認知行動理論によるカウンセリングにも早くから導入された。最終目標を数々の小目標として細分化し、それらを実行度の難易度に応じて簡単なものからより複雑なものへと配列してゆくのは、この理論によるものである。クライアントはこれら小目標の一つひとつを達成することにより、ついにはゴールである最終目標に到達することになる。

　小目標の特長としては、まず最終目標の実現を容易にすることが挙げられる。大きな目標はクライアントに心理的圧迫感を与えるだけでなく、たとえそれを達成したとしても持続が困難になりやすい。その点、簡単な目標から徐々に複雑な目標に向かっていくことは、行動や態度の変化をなめらかにし、失敗を防ぐことにもつながる。またいくつもの小目標を成しとげることはクライアントに希望と自信を与えることになる。これは最終目標を達成する自己効力感を高めるのにも役立つ。自己効力感は、前に述べたようにカウンセリングを成功させる必須の条件のひとつである（Bandura, 1977, 1982; バンデューラ、1997）。

　最終目標と同じように、小目標の場合でも利益と損失の検討、および具体性・現実性についても明確にすることが望ましい。いくら小さな目標であっても、クライアントが慣れ親しんできた行動を意識的に変化させると、やはり何らかの心理的抵抗が予想されるからである。こうした抵抗を最小限に抑えるためにも、小目標はできるだけクライアントのニーズに合わせて設定されねばならない（Prue, Scott, & Denier, 1985）（抵抗については次章で詳細する）。カウンセラーによるこうした気配りは、クライアントの動機を維持するために極めて大切である。

目標設定のプロセス：禁煙を例として

　再び禁煙を例にとって、これまで解説した目標設定の過程を最初から最後まで順序だててまとめてみよう。

最終目標の設定

- ノンスモーカーとしての自覚をもつ
- ノンスモーカーとして他人から認識される
- シガレットフリーの生活をエンジョイする

最終目標の具体化・現実化

- ノンスモーカーとしての自覚をもつ
  - 自宅の煙草や灰皿を捨てる
  - 旅行や食事の際には必ず禁煙車や禁煙席を利用する
- ノンスモーカーとして他人から認識される
  - 家族の喫煙者には換気扇の下でのみ喫煙してもらう
- シガレットフリーの生活をエンジョイする
  - 他人が喫煙する場所では仁丹や飴・ガムを使う
  - リラクセーションや呼吸法など心理的な方法を活用する

目標達成に伴う利益・損失の評価

- 禁煙に伴う利益
  - 健康増進
  - ヤニの臭いや汚れの除去
  - 職場で肩身がひろくなる
  - 禁煙を要求される飛行機などの長距離旅行が楽しめる
- 禁煙に伴う損失（2次収穫）
  - 食欲と体重増加

イライラ・手持ち無沙汰

　　　喫煙する友人との付き合いでのおっくう感

・2次収穫への対応策

　　　ダイエットやエクササイズを始める

　　　呼吸法などによるストレス解消法を身につける

　　　禁煙に成功した友人とサポート関係をつくる

小目標の設定

第1週

・煙草の害について、正確な情報を収集・理解する

・禁煙の利益をリストアップして持ち歩く

・1日の喫煙本数・吸引量を記録する

・喫煙の時間・場所・行動について観察・記録する

・喫煙時の思考・感情・行動・生理について観察・記録する

・家族・友人・同僚に禁煙を宣言する

第2週

・先週を振り返り、うまくいった点と難しかった点について検討・対処する

・煙草の本数を1/2に減らす（もし本数を減らさない場合は、煙草を1/2吸ったところで止める）

・吸引量を1/2に減らす

・喫煙する特定の場所・時間を指定する

・減煙による嫌悪反応（イライラ・渇望感など）を生理的方法（ガム、エクササイズなど）で対処する

・心理的コーピング技術（リラクセーション法・自己対話法[17]・自己報酬[18]など）を身につける

・喫煙本数・吸引量を減らしたことについて、カウンセラーや家族と話し合う

第3週

- これまで2週間を振り返り、うまくいった点と難しかった点について検討・対処する
- 煙草の本数を1/4に減らす
- 減煙による嫌悪反応（イライラ・渇望感など）に、生理的方法と心理的コーピング技術の両方を使って対処する
- 減煙による心理依存反応（手持ち無沙汰・落ち着きのなさなど）を拮抗動作（例えば白いペンなどを煙草の代わりに手にする）によって対処する
- ノンスモーカーの自分の姿をイメージにしてみる
- もし体重増加が見られるなら、適当な運動を始める
- 禁煙グループに参加する

第4週
- これまで3週間を振り返り、うまくいった点と難しかった点について検討・対処する
- 完全禁煙
- シガレットフリーの生活を始める（周囲の煙草・ライター・灰皿の除去、禁煙車への乗車や禁煙席での食事など）
- 生理的・心理的コーピングを続ける
- 禁煙による肯定的な変化（臭覚・味覚の敏感化、呼吸の楽さなど）を認識し味わう
- 禁煙人間からノンスモーカーとしてのアイデンティティを育てる

ここに記述したのは禁煙のための目標設定の一例であるが、最終目標を具体化し、それに伴う利益と2次収穫・その対応策が明確にされ、第4週の小目標は

[17, 18] 2つ共に行動療法で用いられるテクニック。自己対話法とは自分自身に対する肯定的な話しかけ（セルフトーク）から自我強化とサポートをはかる技法で、自己報酬とは目的にかなった行動に対して自分に褒美を与える技法を言う。例えば、減煙のイライラに対し「これは一時的なものだ。深呼吸をしよう。大丈夫だ」と対話して対処するのが前者の一例であり、1/4の減煙を無事に果たしたあと褒美として好きなCDを買うのが後者の例に当たる。

最終目標と一致している。これらはすべてクライアントの喫煙パターンや喫煙歴・動機レベル・禁煙プラン・家庭環境・生活状況などを考慮して、個別に作成されるのが原則である。また場合によっては、小目標をさらに具体化・現実化し、それらの2次収穫についても明記することが必要となるかもしれない。

まとめ

問題定義とおなじく目標設定の採否は、カウンセラーの理論的立場により決定されることが多いが、適切な目標の設定はクライアントにとって強力な心理的補助となり、カウンセリングの成功を促進させる。しかしその設定に当たっては具体性と現実性を考慮し、クライアントの社会的・文化的・個人的価値観に合った良識と分別をわきまえたものでなければならない。また目標の達成に伴う2次収穫、すなわち逆効果についても十分な検討が要求される。目標設定の4段階プロセスは、(1) 最終目標の設定、(2) 目標の利益・損失 (2次収穫) の評定、(3) 目標の具体化・現実化、(4) 目標の細分化 (小目標の設定)、の4ステップの技法から成り立つ。

第8章　抵抗とその対応技法

　これまで傾聴技法（第3章）、活動技法（第4章）、その他の技法（第5章）、問題定義の技法（第6章）、目標設定の技法（第7章）、といったカウンセリングのテクニックについて解説を試みてきた。これらの技法は、カウンセリングの進行過程を行動分析と認知行動理論から分析することにより編み出され組織化されたものである。これによって従来の直感や体験による試行錯誤ではなく、基本的な技術の学習とそれらの組み合わせから、高度で複雑なカウンセリング技術の系統的な修得が可能になった。

　しかしこれらの技法にいくら上達したところで、カウンセリングが必ずしも順調には進むとは限らない。障害となる行動や誤った思考・態度などを認識させ、適応性に富んだ行動に変えるようにクライアントを援助するのは決して易しいことではない。まして長年続いた生活や習慣・行動パターンを変えるのは、極めて難しいことである。このためクライアントはカウンセラーに拒否的な態度を示したり、カウンセリングのルールを無視した行動をとることが多い。このような、カウンセリングの流れを妨害し、肯定的な変化を阻むクライアントの態度や行動は抵抗（resistance）と呼ばれる（Anderson & Stewart, 1983; Otani, 1989-b; Teyber, 2000; Wachtel, 1982）。

　カウンセリングにおける抵抗には通常2つの意味が含まれる。一つはカウンセリング過程でクライアントに否定的な影響を与える心理的要素であり、もう一つはその要素が実際に言葉や行動として現われた現象である（Pope, 1979）。抑圧とか動機欠如という概念が前者の例に相当し、クライアントの沈黙やカウンセラーに対する横着な話し方が後者に当たる。これまで抵抗に関する論文は数多く発表されたが、それらのほとんどは抵抗の理論的考察であり、抵抗を具

体的な現象として分析した研究はほとんどなかった。この結果、抵抗がクライアントのどのような発言や行動・態度として表わされるのかということや、効果的に抵抗を取り扱う技法については、ほとんど検討されていないのが現状である（Otani, 1989-a）。

　この章では、抵抗の理論的背景、抵抗を示す行動についての記述と分類、続いて抵抗を効果的に対処する技法について解説してみる。

抵抗の理論的背景

　抵抗の概念をめぐっては精神分析・行動理論・システム理論の3学派の解釈が主流を占めている（Otani, 1989-a）。いずれの立場も抵抗をカウンセリングにおける重要な要素として取り扱っているが、その原因や扱い方についてはそれぞれ異論を唱えている。そもそも抵抗の概念は精神分析のフロイド（1914-1957）により提唱された。彼は、自由連想による分析治療中にクライアントが不安の原因となる心的素材の意識化を抑えて無意識下にとどめるという心理機制、すなわち抑圧という現象を発見し、これを抵抗と名づけたのである。しかしこの抑圧＝抵抗という元来の公式は時代とともに修正が重ねられ、最近では抑圧だけでなくクライアントの不安抑制をねらいとする行為全般が抵抗と呼ばれるようになった（Singer, 1970）。つまり抑圧だけでなく、不安解消を目的とするクライアントの心的機制全体が抵抗と考えられるようになったのである。抵抗が不安により誘引されるという見解は精神分析だけでなく、ロジャーズの人間中心理論などにも共通している（Rogers, 1958）[19]。

　抑圧やその他の心理機制による不安解消を抵抗とする精神分析や人間中心主

---

[19] ロジャーズは、自己概念と経験との間に不一致が生じた場合、自己概念に一致しない経験は意識化されない、と論じている。それの意識化はクライアントに不安をもたらすからである。この基本的前提からロジャーズは、カウンセリングとはクライアントの経験と自己概念とを最大限に融合することであり、そのためには3つの必要十分条件があればよい、と主張した（Rogers, 1957）。

義の見解に対し、行動理論では抵抗をクライアントの誤解や認識不足・動機欠乏から生じる現象としてとらえる。実証主義を重んじる行動理論では、抵抗という言葉そのものがすでに非科学的であるとして拒否し、その代わりに非協調 (noncompliance) という用語を採用した (Turkat & Meyer, 1982)。シェルトンとレヴィー (Shelton & Levy, 1981) によると、クライアントが非協調を起こす原因としては、（1）カウンセリングの目標や過程に対する失意や不満、（2）行動や態度の変容に必要な認識や技術の欠如、（3）カウンセリングに好ましくない周囲の諸条件、が考えられる。（1）は裁判所や親など他人の強要で、いやいやカウンセリングを受けるような場合、（2）は何らかの理由によりクライアントがカウンセラーの発言や提案を十分に理解できない場合、（3）はカウンセリングに関する金銭的・時間的束縛、家族の反対や社会的偏見などと言えよう。これらいずれの場合にも共通するのは、カウンセリングに対するクライアントの動機づけ (motivation) が低いことである。

　精神分析理論と行動理論以外に、抵抗は対人関係理論 (interpersonal theories) からも研究されている。第1章で考察したストロング (Strong, 1968; Strong & Claiborn, 1982) の社会影響理論では、カウンセラーの熟練性・魅力・信頼性の3要素がクライアントとカウンセリングに肯定的な結果をもたらすと仮定されるが、この条件が満たされない場合はどうなるのであろうか？ストロングとマトロス (Strong & Matross, 1973) によると、これら3要素のどれかひとつが欠けると否定的な社会影響 (negative social influence) が生じる。この結果、クライアントはカウンセラーに対する不信任を強め、カウンセラーのクライアントに対する影響力、ひいてはカウンセリングそのものの正当性が失われ、クライアントはカウンセラーに反発や無気力を示すようになる。これが抵抗の本質であると社会的影響理論では結論づけている。

　否定的な社会的影響につけ加え、対人関係理論による抵抗のもう一つの解釈は、交流分析のバーン (Berne, 1964) と対人相互理論 (interaction theory) のワツラウィックら (Watzlawick, Weakland, & Fisch, 1974) によってなされた (Otani, 1989-a)。これらの理論家に共通するのは、クライアントとカウン

セラーは対話というフィードバックを通じて絶えず交互に影響を与える、というサイバネティックス的思考である。サイバネティックス（cybernetics）とは、カウンセリング場面においてクライアントの反応はそれに先立つカウンセラーの発言によって決定され、またそれに続くカウンセラーの行動を同時に規定するという考えである。バーンやワツラウィックらによると、抵抗は不安解消や非強調といったクライアント固有の行動ではなく、カウンセラーとクライアント間に生じた変則的コミュニケーションであると言う。これを説明するのに、交流分析でよく例に出される「こうしてはどうか？――はい、しかし（Why don't you -Yes, but)」という「ゲーム」を考察してみよう（Berne, 1964）。バーンによると、この「抵抗」パターンでは、カウンセラーの「こうしてはどうか？」という提案に対して、クライアントは「はい」と答えて一見賛成するように見せながら、すぐに「しかし」と打ち消すことによりカウンセラーに不賛成の意向を表明している。もしこの段階で単にクライアントの反応だけを考慮するなら、クライアントは不安や非協調を示すと考えられるであろう。しかし交流分析では、問題はクライアントの矛盾に満ちた返答（「はい、しかし」）だけにあるのではなく、それを可能にしたカウンセラーの問いかけに含まれていると指摘する。なぜならこの場合、もしカウンセラーが「こうしてはどうか？」と自分の意見をクライアントに提示する代わりに、「どうするつもりか？」とクライアント自身の意思を尋ねるならば、クライアントはもはや「はい、しかし」と反対できなくなってしまうからである。このように「抵抗」と言われる行動はクライアントの不安や葛藤・非協力・非協調をあらわすのではなく、カウンセラーとクライアント間のゆがんだコミュニケーションと見なすべきである。これが対人関係理論による抵抗の2番目の解釈である。

　抵抗はカウンセリングにおける中心的な概念であり、精神分析理論や行動理論・対人関係理論といった解釈の相違はその複雑さを裏付けるものである。しかしポープ（Pope, 1979）が指摘したように、抵抗は単なる学説ではなく、カウンセリングでは避けることのできない現象である。これに上手に対処するには、カウンセラーは典型的な抵抗の類型といくつかの技法に精通していること

が必要となる。

抵抗の分類

　明確に構築された抵抗の理論にかかわらず、クライアントの示す抵抗は数多く、それらすべてについて網羅することは当然不可能である。この節では筆者（Otani, 1989-a）が提案したモデルから20の代表的な抵抗を記述・分類して紹介してみる（表8－1参照）。このリストを基に他の抵抗についても観察し分析してみると得るところが多いであろう。

　抵抗の第1カテゴリーは、クライアントの発言数によるものである。カウンセリングに対する動機が低かったり欠如するクライアントには、**沈黙や黙秘**、または**一言・無愛想反応**（「はい」「いいえ」「違います」等）といった行動が見られる。こうしたクライアントには、カウンセラーから視線をそらす行動や、ぶっきらぼうな非言語行動も多い。これは自分の意思に反して無理やりカウンセリングを強いられたクライアントの非協調、もしくはカウンセラーに対する否定的な社会影響の結果だと考えられる。対照的に**饒舌・多弁**もまた抵抗となりうる。筆者はかつて40分近くひとり延々と話しつづけたクライアントを診たことがある。このクライアントは禁酒を決心し、カウンセリングにやって来た人であったが、カウンセリングの終わり近くになって「自分は不安になると、ともかく話が止まらなくなります」と言い、涙を流した。これは不安が饒舌を生んだ顕著な例である。

　第2のカテゴリーは、クライアントの話しの内容によって示される抵抗である。**知的会話**は、抽象的や理論的な会話で自分の考えや気持ちを巧みに隠す発言を言う。この抵抗を用いるクライアントに対してカウンセラーは、「理屈っぽい」感じを受けることが多い。**症状執着**は、ある種の症状に固執し、そのことだけについて話したがるのが特徴とされる。ローゼンバウムら（Rosenbaum, Horowitz, & Wilner, 1986）の研究によると、クライアントの症状執着が多くなるにつれ、カウンセラーの不満も増加すると報告されている。**世間話**

表8-1　現象からみた20の代表的な抵抗とその分類*

第1カテゴリー：発言数による抵抗
　定義　クライアントは発言数により抵抗を示す
　種類　1．沈黙・黙秘
　　　　2．一言・無愛想反応
　　　　3．饒舌・多弁

第2カテゴリー：発言内容による抵抗
　定義　クライアントはカウンセラーへの発言内容により抵抗を示す
　種類　1．知的会話
　　　　2．症状執着
　　　　3．世間話
　　　　4．感情顕示
　　　　5．過去・未来集中
　　　　6．修辞的発言・質問
　　　　7．勘ぐり応答

第3カテゴリー：表現態度による抵抗
　定義　クライアントはカウンセラーへの発言態度により抵抗を示す
　種類　1．カウンセラー軽視
　　　　2．カウンセラー牽制
　　　　3．カウンセラー阿諛・追従
　　　　4．時間切れ打ち明け
　　　　5．自己責任回避
　　　　6．二枚舌応答・虚言
　　　　7．誘惑的態度・行動

第4カテゴリー：規則違反による抵抗
　定義　クライアントはカウンセリングの基本的ルールを破り抵抗を示す
　種類　1．予約トラブル
　　　　2．支払い拒否・滞納
　　　　3．個人的頼みごと

---

*　Otani, A. (1989). Client resistance in counseling: Its theoretical rationale and taxonomic classification. *Journal of Counseling and Development, 67*, 458-461. より

は、その名が示すように、カウンセリングの場において自分の悩みを相談せず、その代わりに雑談に花を咲かせる振る舞いを言う。**感情顕示**をみせるクライアントはセッション中に大げさに情動を誇示するが、この種の抵抗は演技性人格障害（histrionic personality disorder）と呼ばれる性格の持ち主に多い（MacKinnon & Michels, 1971）。クライアントは感情過多となり、「わざとらしい」印象や時には性的なニュアンスをともなった不適切な態度を見せやすいので注意を要する（第３カテゴリー参照）。**過去・未来集中**と呼ばれる抵抗では、話の内容が過去の出来事や将来の懸念などに限られる。過去や未来はクライアントを幅広く理解する上で貴重な情報源となるので軽視してはならないが、カウンセラーが過去や未来の枝葉末節にとらわれすぎるとかえって混乱を引き起こすことになり、カウンセリングの進展が見られなくなってしまう。カウンセラーへの無意味な「質問のための質問」や、揚げ足を取るような屁理屈・詭弁のたぐいに属する発言は**修辞的発言・質問**と呼ばれる。一例を挙げると、筆者が受け持った一人のクライアントは、筆者の発言に対して即座に心理学の専門用語を口にし、理論的な質問を浴びせるという行動を示した。筆者が「それは緊張しましたね」と言うと、クライアントは「精神的苦痛によるストレス反応」と即答し、「どうやってリラックスしますか」という問いかけに対しては「先生は行動主義カウンセラーですか？　瞑想はリラクセーションに効果的だと信じますか？」といった具合である。この種の発言や質問はすべて的外れとは言えないが、末梢的なものが多く、一種の衝動にかられた発言と見なすことができる（Pope & Siegman, 1968）。最後の**勘ぐり応答**とは、「先生なら多分こう考える（思う・言う・信じる・同意する・分かる・理解する等）と思いますが……」といったような、当てずっぽうの的外れな発言を言う。もしカウンセラーがクライアントの返答を訂正し続けると「誤解－訂正」という変則コミュニケーションが確立され抵抗が生まれることになる。このゆがんだ関係が極端になると、カウンセリングはもはやクライアントの援助というよりは、「カウンセラーとクライアントのどちらが正しいか？」の議論となってしまう。サルズマンはこうしたカウンセリングの行き詰まり状態を「綱引き合戦（tug of war)」と名付けた（Salzman, 1985）。

　クライアントの抵抗は、発言数や内容だけでなく、カウンセラーに対する応答態度によっても表わされる。第3カテゴリーの抵抗がこれである。**カウンセラー軽視**や**カウンセラー牽制**と呼ばれる抵抗では、クライアントは文字どおり、カウンセラーの発言を真剣に受け止めずに聞き流したり（軽視）、返答の拒否や面接の話題を制限する（牽制）といった行動をとる。例えばカウンセラーの質問に対して冗談を飛ばしたり、「それについてはお話ししたくありません」といったクライアントの応答である。これとは対照的に**カウンセラー阿諛・追従**と呼ばれる抵抗では、クライアントはカウンセラーにへつらったりお世辞をならべて機嫌取りをし、カウンセラーの言うままに振る舞う。これは協調をよそおった非協調である。交流分析のバーン（Bern, 1964）は、この抵抗を見せるクライアントにはカウンセラーが反対したり思いどおりに反応しないと態度を急変させ泣いたり激怒する人物が多い、という鋭い観察を行なっている。**時間切れ打ち明け**とは、問題の核心や中心的事項に面接終了直前まで一切ふれず、あと数分という時点になって「実は……」と切り出すパターンを言う。これが続くとクライアントは、カウンセラーに貴重な情報をいつまでたっても提供しないことになってしまう。**自己責任回避**と呼ばれる抵抗では、自分自身の行動に責任を取らず、すべて他人のせいにしてしまう行動が見られる。このようなクライアントは、自分の行動が外的要因によって起こされると信じる傾向が強く、自分の責任も他人に転嫁することが多い。社会心理学者のロッター（Rotter, 1966）は、このような性格傾向を外的統制型（external locus of control）と呼んだ。**二枚舌応答・虚言**は、文字どおりカウンセラーに対してでたらめを言ったり嘘をついたりする行動である。これには事実の否定や虚偽の発言だけでなく、カウンセラーに約束した行動や意思決定についての不履行なども含まれる。行動理論ではこうした行動を非協調の典型と見なすが（Turkat & Meyer, 1982）、社会影響論ではカウンセラーに真実を言う価値がない、というクライアントの否定的な態度の表われと結論づける。最後の**誘惑的態度・行動**は、性的なニュアンスを含むクライアントの不適当な行ないを言う。マッ

キノンとマイクルズ（MacKinnon & Michels, 1971）によれば、このタイプの抵抗は先に述べた演技的特性（histrionic traits）の高い性格のクライアントに多く見られる[20]。典型的な振る舞いとしては、挑発的なボディーランゲージや媚びた言葉づかい・刺激的な服装やしぐさなどである。このような嬌態はカウンセリングの妨げとなり、面接を困難にする。

　カウンセラーに対する発言の数・内容・態度による抵抗以外に、カウンセリングの基本ルールに違反する抵抗も存在する。**予約トラブル**は、その名の示すようにカウンセリングの予約をすっぽかしたり、アポイントメントの時間に大幅に遅れたりする行為をさす。クライアントがセッションの支払いを怠ったり滞納したりする場合は**支払い拒否・滞納**と呼ばれる。ただし、予約トラブルや支払い問題が妥当な原因によって起こされた場合、例えば交通渋滞による遅刻や失業による支払い未納などは抵抗ではない。正当な理由がないにもかかわらず、予約トラブルや支払い拒否・滞納が繰り返された場合に、非協調による抵抗となるのである。最後の**個人的頼みごと**とは、カウンセラーとクライアントという「専門的関係」（professional relationship）を無視した行動・振る舞いを言う。例えばクライアントがカウンセラーに借金や交際の依頼をするなら、これは明らかにカウンセリングのルールをはずれた行為である。もしカウンセラーが誤ってクライアントのこうした不適当な要求に応じるなら、抵抗を可能にする対人関係のパターンを生じさせるだけでなく、重複関係（dual relationship）と呼ばれるカウンセリングの倫理違反を犯したことになってしまう。カウンセラーはこうした倫理的側面にも十分注意を払わねばならない。

　これらの行動は、不安・非協調・否定的社会影響・変則コミュニケーション、という様々な原因から生じた抵抗である。ここでまとめた抵抗は典型的なクライアントの行動であるが、これら以外にもまだまだ違った行動や行為が存在するのは明らかである。それらの詳細については今後の研究が期待されるが、カ

---

[20] 第5章、反復技法のところで述べたヒステリー型（感情過多）性格（Horowitz, 1989）に、この特性が多く見られる。先に述べた演技性人格障害は、DSM-IVによると、この性格が極端になったもので、クライアントの生活や対人関係に支障をきたすものである。

ウンセラーはこれらの抵抗にどのように対処すればよいのであろうか？　次にクライアントの抵抗を処理するカウンセリングの技法について述べてみることにする。

抵抗を扱うカウンセリング技法

　クライアントの抵抗を取り扱う技法の修得は、まず抵抗を正しく理解することから始まる。確かに、抵抗という言葉には「障壁」や「反抗」といった否定的なニュアンスが含まれるが、前節で列挙したさまざまなクライアントの行動は必ずしもカウンセリングを妨害するものではない。むしろ、抵抗はカウンセリングの過程において不安や動機欠如・コミュニケーションの不調から発生する極めて自然な現象と見るべきであり、その扱い方次第ではクライアントの自己理解と行動変容を助けることにもつながるのである。医学催眠の第一人者とされ、数々の独創的な抵抗対策のカウンセリング技法を考案したミルトン・エリクソン（第2章参照）(Erickson, 1964) は、抵抗を「（クライアントが）カウンセリングを求める最も根本的な理由」と述べているが、これは抵抗なくしてカウンセリングなしという原則を明快に表わしたものと言えよう。

　抵抗がクライアントの不安や非協調、またはカウンセラーに対する否定的な態度もしくは歪んだコミュニケーションから生じるということは、抵抗を示すクライアントには、カウンセラーの許容的な態度と共感と信頼感が特に必要だということを意味する。つまり、抵抗を扱うにはまずクライアントとのしっかりとした人間関係を確認せねばならないのである。こうした積極的でポジティブな関係なしに、カウンセリングの技法を駆使するだけでは、抵抗は処理できない。

　抵抗の生じる原因から、クライアントの抵抗を対処する技法として、次のアプローチが考えられる。

・抵抗の原因となる不安を取り除く

・クライアントの協調性を高める
・クライアントに対するカウンセラーの影響力を増進させる
・カウンセラーとクライアントとのコミュニケーションのひずみを矯正する

これらのうち、不安の除去、協調とカウンセラーの影響力の増進については傾聴技法と活動技法の応用が有効であり、コミュニケーションのひずみの修正には自己開示や逆説技法が用いられる。

傾聴・活動技法の応用

クライアントの示す抵抗のうち、不安が原因となっているものには、カウンセラーの共感的理解で不安の解消をはかるのが有効である。特に感情反映の技法を使っての不安の受容は、クライアントの不安を解消させ抵抗の消失に役立つことが多い。一方、非協調による抵抗はカウンセリングについての誤解や情報不足・周囲の悪条件などが原因となるため、共感的理解だけでなく、カウンセリングについての正しい認識をもたらすことが中心とされる。探索や情報提供などの活動技法が、この場合効果的である。

すでに解説したように社会影響理論によると、抵抗はクライアントがカウンセラーの熟練性・魅力・信頼性に疑問を抱くことによって起こると考えられる。こうしたクライアントの「カウンセラー不信任」から起こる抵抗には、カウンセラーの自己開示と感情反映と組み合わせて用いると功を奏することが多い。つまりカウンセラーは、自分に対して抱いているであろう不満や失意などを共感的に理解しつつ、それに関する自分の考えや気持ちをクライアントに正直に打ち明けるのである。例えば、若いカウンセラーの経験不足（熟練性・信頼性への不信）を懸念して、くどくどと経歴について尋ねるクライアントに、「どうもカウンセラーとして若年の私が信頼できるかどうか、気になさっているようですね。そのお気持ちは理解できますし、私としては最善を尽くすつもりです」と返答するのである。こうしたカウンセラーのオープンな自己開示とクライアントの不安への理解が、抵抗を乗り越えるのに役立つことが多い。

社会影響による理論は、抵抗がクライアントによるカウンセラーの社会影響力の拒絶以外にもまた、2人の間の変則的コミュニケーションから発生すると説明している。それゆえこのタイプの抵抗に対処するには、カウンセラーとクライアントの間の歪んだコミュニケーションの改善を図ることも一法である。しかし、これは傾聴・活動技法だけでは十分修正できないことが多い。そのため、コミュニケーションの歪みをクライアントにはっきりと指摘することがしばしば有効となる。例えば、先にあげた交流分析における「こうしてはどうか？——はい、しかし（Why don't you -Yes, but）」の場合、カウンセラーは「今気づいたのですが、どうも私がアイデアを提案し、それに対して『ノー』の返事が続くパターンになりましたね」と、コミュニケーションの歪みを明確にするのである。そして、この指摘に続けて「クライアントの立場から、どうすればいいとお考えですか？」と開放型の探索を付け加えれば、コミュニケーションの変則性を修正することが可能になりやすい。

このように、感情反映や言い換え・情報提供・自己開示などカウンセリングの基本スキルである傾聴・活動技法の応用と組み合わせにより、クライアントの見せるさまざまな抵抗を十分扱うことができるのである。

逆説技法

クライアントの抵抗に対するもうひとつのアプローチは、逆説技法（paradoxical techniques）と呼ばれるカウンセリングのテクニックである。家族療法や催眠療法に源を発するこの技法は、クライアントの抵抗を取り除こうとするのではなく、むしろそれを逆に引き立て「意図的に利用」することにより、抵抗の修正を試みるものである（Otani, 1989-b）。先に挙げたエリクソンはこの技術の手練家として知られたが、自分の悩みをどうしても打ち明けようとしない非協調的なクライアントに対し、次のような逆説的応答で抵抗を解決している（Haley, 1985）。

私に知られたくないこともいくつかあるし、言いたくないこともある。また

話したくない事柄もたくさんあるでしょう。ですから話しても構わないことだけ話し合うことにして、言いたくないことについては絶対に言わないように注意してください。

　技法的に見るとこのエリクソンの発言は、まず最初に（1）言い換え技法によってクライアントの非協調に理解を示し（「私に知られたくないこともいくつかあるし、言いたくないこともある。また話したくない事柄もたくさんあるでしょう」）、そして（2）抵抗そのものを逆説的に勧める（「ですから話しても構わないことだけ話し合うことにして、言いたくないことについては絶対に言わないように注意してください」）、という2段階構成になっている。エリクソンによると、この「共感－逆説的奨励」というステップを用いた返答は、抵抗に対するクライアントの気勢を発散させる効果をもち、抵抗のすばやい消失につながるという (Haley, 1985)。これは、逆説技法が前節で述べたサイバネティックスの原理を利用したテクニックであり、カウンセラー－クライアント間の相互フィードバックの調整により抵抗の解消を試みることを示している。

　しかしながら傾聴や活動技術とは違い、逆説技法は使い方の難しいことが多く、その応用には細心の注意を要する。もともとこの技術は反対効果をねらって抵抗の解消を試みる、いわば「毒を以て毒を制す」というアプローチである。そのためエリクソンのように高度な技術を身につけ、不安や非強調・コミュニケーション不調によるクライアントの様々な抵抗に逆説返答を自由自在に活用できるカウンセラーには、この技法は効果的であろう。しかし技術的未熟さからその使い方を一歩誤ると、かえってクライアントに「毒を仰がせる」結果になり、抵抗の処理だけでなくクライアントの心情やカウンセラーへの信頼感などにも大きな傷をつけることになりかねない。そのため、抵抗への対策はやはり傾聴や活動技法からはじめ、これらの技術でも対処できない場合に、最後の手段として逆説技法を用いるのが無難と言えよう。

まとめ

　クライアントの抵抗は、（1）不安抑制、（2）非協調、（3）カウンセラー不信任、（4）カウンセラー－クライアント間のコミュニケーション不調、といった原因から生じる極めてありふれた現象である。抵抗の種類はクライアントにより千差万別であるが、（1）発言数、（2）内容、（3）応答態度、（4）基本的ルール違反、の4種に大別できる。本章ではこの分類法に従って代表的な20のパターンを列挙したが、読者はこれら以外の抵抗についても独自に観察を試みると良いであろう。エリクソンの主張するように、抵抗はカウンセリング過程に伴う必然の産物である。それを異常視したり無理に回避しようとすることは抵抗をかえって激化させ、クライアントに悪影響を及ぼす結果につながることになる。むしろ、カウンセラーは抵抗をありのままに受け入れ、その背後に潜むクライアントの不安や非協調、カウンセラー不信任、もしくはクライアントとのコミュニケーションのゆがみやズレなどの原因を、傾聴や活動技法によって解消してゆくことが望ましい。また抵抗に対する逆説技法も提唱されているが、その応用に当たっては慎重な判断と高度なスキルを要するので十分な注意が必要である。

第9章　カウンセリング技法訓練の実際

　本書が明らかにするようにカウンセリング技法は理路整然としており、幅広い技術の系統的な習得が可能である。しかしこれらの技法を身につけ、実践で活用できるようになるにはやはり少なからぬ努力を要する。カウンセリング技術はひとつのスキル（技能）であり、その修得はある意味で外国語の学習と共通するところがある。単なる教養としてなら、英語やフランス語の文法・発音の知識や理論だけで十分であろうが、これらの言語を実際のコミュニケーションの手段として運用するには、絶え間ない練習が必要とされる。同様に、いくら傾聴や活動技法といったさまざまな技術を頭で理解しても、その知識をクライアントとの面接で実践として応用できなければ使いものにはならない。幸いにもカウンセリング技法は一定数の基本技術より構成され、これらを繰り返し訓練することにより高等な技法習得も可能となるのである。

　残念ながら、カウンセリング教育の一部には、カウンセラーの自己認識をカウンセリングの真髄と見なすあまり、それだけで技法訓練になると曲解する立場も存在する。特に日本文化には、禅の修証一如[21]という言葉に象徴されるように、自己を磨くことが悟りであるという考え方が根付いており、カウンセラーの実存的な「気づき」や自覚による向上がそのまま技法の訓練になる、という暴論までが唱えられているようである。しかしカウンセラーの内省や自覚を促すことのみがカウンセリングの技法訓練になると結論づけるのは理不尽で

---

[21] 修証一如は主に曹洞宗で用いられる禅の言葉で、悟り（証）は修業（修）によって得られるのではなく、修行そのものが悟りであるとする。この概念は剣術や茶の湯に取り入れられて、剣道や茶道となった。これをそのままカウンセリングに持ち込むと、技法訓練は「カウンセリング道」となりかねない。

ある。カウンセラーの自覚や自己実現が心理治療に好ましいことは古くから認識されているが（Mahoney, 2000; 森田、1960）、こういった要素は長年の訓練の賜物であり、それの追求や自己認識を技法訓練の方法と混同してはならない。カウンセラーがいくら自己認識を深めたところで、カウンセリングの技術向上には直接つながらない（Wachtel, 1980）。四半世紀以上にわたるカウンセリングの実証的研究がはっきりと示すように、クライアントを的確に観察し意図的に返答するカウンセリング技術は、理論的に組み立てられた技法訓練を系統的に行なうことによって上達するのである（Hill, 2001）。これは、本書に示された数々の技術を理解し訓練に打ち込めば、カウンセリング技法は修得できるということを意味している。

　この章ではカウンセリング技法訓練の実例として、アメリカの大学院レベルにおけるカウンセリング技法訓練を筆者の経験から具体的に紹介してみることにする。日米の教育制度や状況の違いから、本章で述べる情報は日本でのカウンセラー訓練にすべてそのまま当てはまるとは思えないが、カウンセリング技法を真剣に学ぼうとする人たち、またそれを教える立場にある方々には興味深いであろう。読者一人ひとりが自分のニーズにかなった訓練法を工夫されるのに少しでも役立てば幸いである。

米国大学院での技法訓練の実際

授業構成とカリキュラムについて

　米国の大学院レベルでのカウンセリング技法の基本コースは、通常8～12名の学生を対象とした少人数制で行なわれる。実際の訓練に先立ち、「カウンセリングにおける有効な技法とは何か？」「カウンセリング技法はどのような理論から成り立つのか？」「技法を効果的にするカウンセラーの態度とはどのようなものか？」など本書の第1章で論じたカウンセリング技法の理論と意義・役割、技法を取りまく要素等についての考察と討論が十分に行なわれる。こうした理論的理解は、学生が単なるカウンセリングのテクニシャン（業師）

にならず、理論に基づいた実践ができるバランスの取れたカウンセラーとして成長するために必須である。

　技法の理論的分析が終わると、非言語行動の観察から、傾聴・活動・その他の技法、問題定義、目標設定、抵抗まで、本書で述べた技法の訓練が段階的に行なわれる。参考までに示すと、講義と実習に費やす平均的カリキュラムの時間は次のとおりである。

	講義	練習
非言語行動の観察	30（分）	60（分）
傾聴技法	40	120
活動技法	40	120
その他の技法	40	120
抵抗	30	60
問題定義	60	120
目標設定	60	120
（合計時間）	300	720

　この表から分かるように、それぞれの技法に対して、講義に5時間、練習に12時間、合計17時間が当てられている。米国大学院の1セメスター（学期）当たりの授業時間の総計が平均35時間であるから、その約5割の時間が技法の講義と練習に割り当てられる計算になる。残りの18時間は、技法に関する理論の学習、そして後述するロールプレー法を用いた自由形式でのカウンセリング演習に用いられる。集中的なトレーニングであるだけに、初めは緊張する学生も見られるが、コースに慣れるに従い、ほどんどの学生はリラックスし始める。学期末に必ず行なわれるコース評価によると、9割以上の学生が授業に肯定的な印象を持ち、特に実習から学ぶところが多かったと述べている（2002年度、大谷個人データ）。以下、練習方法についてもう少し詳しく述べてみよう。

非言語要素の観察訓練

　カウンセリング技法訓練は、まずクライアントの観察すなわち非言語行動を詳しく客観的に見る訓練から始まる。本書の第2章で触れた身体言語（身振り・表情・生理反応および反射・体つきと身体特徴・容姿）、準言語要因（声と話し振り）、文化的要因（身体スペース・時間概念）についての訓練である。学生たちはこれら個々の要素と観察の意義についての講義を受けると、一人はクライアント、もう一人はカウンセラー、残りの一人はオブザーバーの3人1組の小グループに分かれる。学生たちの役割が決まると、筆者の合図でクライアント役はまず悲しかった思い出や気持ちを15〜20秒間無言で思い浮かべる。この間カウンセラー役は、クライアントの身振り・表情・生理反応の身体言語をつぶさに観察する。筆者が観察終了を告げると、カウンセラー役はクライアント役に自分の観察した非言語行動を具体的に伝える。もしカウンセラー役が見落とした要素があれば、オブザーバー役が補充してよい。学生たちは筆者の指示でこのプロセスを合計3回、それぞれ違った感情について繰り返す。クライアント役が想起する感情は、この時点までは筆者が選択したものなので、グループメンバー全員が知ることになる。しかし次の4回目にはクライアント役がこれら3つのうちからひとつの感情を自分で選んで思い浮かべ、カウンセラー役は再現された非言語行動を詳細に観察して、クライアントの感情を断定するのである。言うまでもなくこれは単なる推量ゲームではない。カウンセラー役は特定の感情を結論づけるのに、どのような非言語行動を観察したかをクライアント役に具体的に述べねばならないからである。この練習は観察力をつけるのに効果的であるだけでなく、技法訓練の第一歩として学生たちに技法訓練への好印象を植え付けるのにも役立つ。

　観察訓練では最初は筆者がリードするが、2回目からは学生たちが小グループ内で順番に役割を交代しながら練習を進めてゆく。いったんこの訓練になじんで基本的な観察力を修得すると、クライアント役は4回目の「自由連想時」に2つの感情を思い浮かべるなどして、カウンセラー役の観察を複雑にすることも行なってよい。また非言語行動と言語行動をかけ合わせての訓練も可能で

ある。この場合、クライアント役は言語と身体言語でそれぞれ異なる感情を表現し（例えば、疲れた表情でため息をつきながら「元気です」と言うなど）、それに対してカウンセラー役は観察した食い違いを指摘する練習を行なう。これは活動技法で使われる矛盾提示の技法訓練としても適している。

個々の技法訓練

　非言語行動の観察に続いて、今度は個々のカウンセリング技術の訓練へと進んでゆく。傾聴・活動技法から目標設定までのカウンセリング技法の演習に当たり、筆者は次の6段階のステップを踏むことにしている。（1）訓練の対象とされる技法の特徴・目的・応用場面等についての概略、（2）筆者による技法のデモンストレーション、（3）デモンストレーションに関する質疑応答、（4）小グループに分かれての学生による練習、（5）全体グループでの学生によるデモンストレーション、そして（6）デモンストレーションのレビューと討議である。この訓練は＜理論→実演観察→練習＞というステップを踏むが、これは模倣学習（modeling）（Bandura, 1969）の原則に基づいている。すなわち、修得すべき技術を理論的に認識させ、次に実演によるその技法の観察、そして実際の練習へと段階的に進めてゆくのである。模倣によるアプローチは幅広い技術の修得に有効であることが知られている（Cormier & Cormier, 1998; Kendall & Hollon, 1979）。

　模倣学習の中心となる、筆者による技法のデモンストレーションでは、まず学生たちにクライアントとして短い発言をさせ、それに対してカウンセラー役の筆者が修得すべき技法を使って返答することによって見本を見せる。学生の発言内容と長さは彼らの判断にまかせるが、比較的短く簡単な内容から始まり、徐々に複雑にしてゆくのが理想である。模倣される立場に置かれる筆者はカウンセラー役として正確で分かりやすい見本を実演せねばならず、多少の精神的負担がかかるが、模倣学習上このデモンストレーションは非常に有効である。

　筆者によるデモンストレーションのあと、学生たちは再び3人1組の小グループに分かれて練習を行なう。非言語行動の観察訓練と同様、3人のうち一

人がクライアント役、もう一人がカウンセラー役となり、筆者によるデモンストレーションと同じ形で技法の練習を進めてゆく。残った一人はオブザーバーとしてカウンセラーとクライアントを観察し、カウンセラー役の返答についてフィードバックを与える。オブザーバーは「よかった」「的がはずれていた」と漠然と言うのではなく、何がよかったのか、どのように的がはずれていたのか、どう反応すればよくなったか、などカウンセラー役の発言についてできるだけ具体的で的確なフィードバックを与える。こうした綿密なフィードバックこそ、カウンセラーにとって最も貴重であり、学ぶところが多い。

　オブザーバーにとって特に注意を要するのは、カウンセラー役にネガティブなフィードバックを与える場合である。この際のフィードバックは詳細かつ具体的であることが望まれ、内容的には＜長所→弱点→長所＞の順序で進めるのが原則である。すなわち、カウンセラー役の返答についてまず肯定的に評価し、それにつづいて修正すべき点についてのフィードバック、そして最後にもう一度ポジティブな講評で締めくくるのである。このフィードバックの与え方は批評に対するクライアント役の態度を受容的にしやすく、カウンセリング訓練では頻繁に利用される[22]。

　小グループ形式の演習によって学生たちが技法の使い方に慣れると、全体での実演となる。先の筆者によるデモンストレーションと同じ方法で、今度は学生の一人がカウンセラー役を務め、修得した技法を使って学生たちからの発言に答える。カウンセラー役が返答に困った場合には、他の学生が代わりに答えることも許され、学生たち全員がお互いをサポートしながら、学習を深めてゆく。筆者は学生たちによる実演に先立ち、技術訓練に失敗は付き物であり、失敗を恐れるのではなく失敗から学ぶようにと奨励する。こうしたコミュニケー

---

[22] アメリカではこのフィードバックの与えかたを「ボローニ・サンドウィッチ」テクニックと呼ぶことがある。ボローニはイタリアのBologna（ボローニャ）地方で生産される安物のソーセージであるが、俗語では「ナンセンス」とか「馬鹿げたもの」の意味がある。やわらかいパンの真ん中にボローニがはさまれるように、最初と最後の、耳にやさしい肯定的なフィードバックの間に否定的なフィードバックを与えることに由来する。日本ふうに言うなら、「オブラートに包んで苦言を呈する」といったところであろう。

ションは学生たちの不安をしずめ、教師と学生たちの親密感を高めると同時に学習効果を高めることにもつながる。

技法を組み合わせた訓練

　一つひとつの技術について個別の訓練が完了すると、これらの技法を組み合わせた訓練へと進む。これまでと同じように、ここでも模倣学習による6段階ステップで練習が行なわれるが、これまでとは違い、カウンセラー役はクライアント役の発言に対して、オブザーバーから指示された技法を使って即座に返答せねばならない。例えば、「近頃どうもイライラして仕事が手につかないんです」というクライアント役の発言に対し、カウンセラー役は明確化が指定されれば明確化技法、感情反映なら感情反映技法を使って答えるのである。当然ながら、この訓練形式は学生たちの不安を高めやすい。もし学生たちが最初カウンセラー役になることをためらうようであれば、筆者がクライアント役を買って出て、学生たちにグループでカウンセラー役を務めさせるのも一法である。

　このトレーニングのねらいは、これまで学習してきた技法をその場で自由に応用できるようにし、クライアントの発言に対して技法を随時選択しながら応答できる技量と態度（intentional responding）を養うことである。繰り返し強調してきたように、カウンセラーの発言は絶えず意識的に選択された反応でなければならず、決してその場の直感や気のむくままに決定したものであってはならない。学生たちはこの練習を通して、この基本原則を覚えてゆくのである。技法の組み合わせとしては、傾聴技法と活動技法のそれぞれ4種類、その他の技法の5種類の技術をグループごとにまとめて単位とすると、練習の区切りをつけやすい。問題定義と目標設定の技法についても同様である。

　こうした単位ごとの技法訓練を進展させるに当たり、筆者は傾聴技法（明確化・感情反映・言い換え・要約）を特に重視する。これは、傾聴技法が単にカウンセリング導入期に用いられる聴きかたの技術であるだけではなく、カウンセラーの理解と共感をクライアントに伝え、カウンセリングになくてはならな

い好意的な対人関係を終始維持させる役割を果たすという、いわば中核の技法であるという理由による。傾聴技法が十分にできないカウンセラーは、クライアントとの人間関係の構築が上手にできないカウンセラーであり、多くの場合クライアントに無意味な質問をあびせ、不必要なアドバイスを与えるなどして、カウンセリングを失敗に終わらせやすい[23]。筆者が学生たちに、クライアントのあらゆる発言に対していつでも自由自在に傾聴技法を活用できるまでカウンセラーは訓練を積まねばならない、と絶えず強調するのはまさにこの理由による。傾聴技法が確立されてはじめて活動技法、その他の技法の修得も可能となるのである。

ロールプレーによる訓練

単位別の技法訓練が完了すると、今度はいよいよ10～15分のロールプレーへと進む。ダンスの比喩を用いるなら、これまでの訓練はカウンセリング技法の理解と慣れをねらいとする基本ステップの反復練習であった。これを終了し、今度はパートナーと実際にダンスフロアで踊ってみるのである。

ロールプレーに際して、筆者は練習用に準備された短い事例を学生たちに与える。事例は、「クライアントは27歳の女性。3年前に同じ企業に勤める若手社員と恋愛結婚した。結婚後1年目に妊娠し、会社を辞める。その後育児に追われるが、夫は仕事が忙しくて深夜帰宅が多く、週末も出勤する。最近、夫婦の会話も少なくなってうつ気味になり、カウンセラーを訪れた」などといった内容のものである。このような10～15種類の事例から学生たちはクライアン

---

[23] アメリカで修士レベルのキャリア・カウンセリング実習生を対象とした最近の研究（Multon, Ellis-Kalton, Heppner, & Gysberg, 2003; Nagle, Hoffman, & Hill, 1995）によると、クライアントとの関係構築が最も必要とされる初回から3回目の面接では、傾聴技法が十分に活用されていない。カウンセラーたちが最も頻繁に使った技法は情報提供と閉鎖型の探索（ともに活動技法）で、発言全体の5割以上を占めていた。唯一用いられた傾聴技法は言い換え技法であったが、14～17パーセントに過ぎなかった。もしこのデータに示された傾聴技法の過少がキャリア・カウンセリングだけでなく他のカウンセリングについても同じだとすれば、クライアントにもたらす悪影響が懸念される。

ト役を選び、ロールプレーを行なう。事例には、さまざまな年代・性別のクライアント、初めてカウンセリングにやって来たクライアント、問題定義や目標設定を必要とするクライアント、メンタルヘルスやキャリア問題などさまざまなケースが含まれている。幅広い共通の事例を使って練習することにより、他人のデモンストレーションにも違和感を覚えず、さらにそれらの観察から学ぶことも可能となる。クライアント役が現実に悩んでいる事柄を題材に取り上げることは、いかなる場合においても禁止される。ロールプレーはあくまでも訓練であり、実際のカウンセリングのシミュレーションではない。また学生たちのプライバシーも保護せねばならない。訓練と現実を混同することは倫理に反する行為であり、カウンセリングを指導する者は固く慎まねばならない。

　個々の技法訓練のところで述べた＜理論→実演観察→練習＞という模倣学習の6段階は当然この段階でも取り入れられている。筆者は傾聴技法を最重要視するので、ロールプレーにおいてもまず明確化・感情の反映・言い換え・要約の4種の傾聴技法だけでのデモンストレーションを行ない、次いで学生たちにも小グループで同じ方法を使って練習をさせる。この際オブザーバーは、カウンセラー役がどの傾聴技法を使うかを逐次記録する。傾聴技法だけでロールプレーをするようにとの指示にもかかわらず、学生たちはクライアントを質問攻めにしたり、不安からアドバイスを与えるなどの行動に走ってしまいやすい。このロールプレー体験から多くの学生は、「聴くこと」の難しさを改めて痛感することになる。

　ロールプレー学習の主要目的は、カウンセリングを模擬体験させることにより、これまで学んできた技法を実感として理解し体得させることである。理論上では簡単明瞭にみえる技法でも、その修得にはそれなりの練習と忍耐が必要であるという認識を養うのである。また、ある技法を即座に実践できなくとも、失敗に固執したり自分を責めるのではなくコツコツと努力を続ければ、いずれは修得できるということを認識させる。後者は特に完全癖の強い学生に貴重な教訓となる。現実療法で知られるグラサー（Glasser, 1965, 1998）は「やればできるのだという信条」（success identify）の重要性を強調したが、ロールプ

レーはまさにこの信条を学生たちに植え付ける手段であると言えよう。またグラサーの考えは認知行動理論の自己効力感と軌を一にするものであり（第7章参照）、カウンセリング技法を教える際には極めて重要である。

　傾聴技法を皮切りに、活動技法・その他の技法・問題定義・目標設定と積み重ね式にロールプレーによる訓練を進めてゆく。理屈や期待に反してカウンセリングの過程は必ずしも直線的には進展するものではなく、実際には前進と後退を繰り返しながら展開することが多い。クライアントの不安やモティベーション、カウンセラーに対する信頼の欠如によっては、抵抗や非協調の現象にも出くわす。学生たちは、一つの技法に固執するのではなく、傾聴を常に基盤としながら、クライアントに合わせて臨機応変に適切な技術を選択する技量も修得せねばならない。オブザーバーが指摘する技法を使ってクライアント役に即座に返答する先のグループ訓練が、ここで活きてくることが多い。ロールプレーを通じたポジティブな人間関係のなかで、クライアントへの柔軟な返答技術を養成することは、訓練への励みとなり自信を与えるだけでなく、目的に応じて意図的に返答を行なう基盤ともなる。この原体験こそがロールプレー学習のねらいであり、また醍醐味でもあると言えよう。

技法訓練におけるビデオの利用

　筆者はロールプレーの技法訓練には、できる限りビデオを活用することにしている。デモンストレーションをビデオに撮りそれを再生しながらの訓練は、カウンセラーとクライアントの非言語行動や発言の分析を可能にする。ビデオをプレーバックしながら、個々の場面でカウンセラーとクライアントがそれぞれ何を考えていたのか、どんな気持ちでいたのか、といった詳細な考察を行なうのである。ビデオはまた、カウンセラー役が自分自身を客観的な立場から観察する貴重な機会を提供してくれる。自分のボディランゲージや表情・声の響き・クライアントに対する反応などは自分自身ではなかなか気づきにくいものであるが、ビデオでは一目瞭然となり、客観的な自己観察をしやすい。またカウンセラー役が返答に困ったり失敗したと思われる場面では、ビデオを一時停

止させて技法指導することも可能である。このようにビデオは技法訓練において必需品であり、最大限に活用すべきである[24]。

抵抗の処理訓練

ロールプレーは抵抗の認識と対処の訓練にも効果的である。抵抗の原因としてはクライアントの不安や非協調・カウンセラーに対する否定的な社会影響が考えられるが（第8章参照）、技法訓練ではこれらの学習だけではなく、実際のカウンセリング場面でいかに抵抗に対処するかが重要な課題となる。ロールプレー訓練が進むと、クライアント役は筆者の指示によってカウンセラー役に軽い抵抗を試みる。訓練を現実的にするため、抵抗についてはカウンセラー役に伏せておく。抵抗を予期させると、それに対する心構えが生じ、カウンセラーの不意を突けなくなってしまうからである。筆者がよく冗談まじりで学生たちに言うように、「これから抵抗や非協調を示しますよ」と忠告してくれるクライアントは絶対にいない。このためカウンセラーにはクライアント役の演ずる抵抗を前置きなしに体験させ、実践を通じて抵抗の判断とその対処技法を指導する方法が取られる。

抵抗の抜き打ちロールプレーが終了すると、第8章で列挙した4つの抵抗カテゴリーと20項目のリストを用いて、学生たちはまずクライアント役の示した抵抗について論理的な分析を試みる。抵抗のタイプと行動が明確にされたら、次にカウンセラー役の内的反応（抵抗に直面した際に経験したフラストレーション・いらだちなど）、および外的反応（クライアント役に対して現われた表情・語調などの非言語行動、抵抗に対する発言内容など）についてビデオを見ながら全員で検討を加える。このときクライアント役も、抵抗を示したときにカウンセラー役から受けた印象について、率直なフィードバックを与える。こうした体験学習とそれに続く多面的な考証を通じて抵抗のさまざまな形態、

---

[24] ケーガン（Kagan, 1998）のインターパーソナル・プロセス・リコール（Interpersonal Process Recall）と呼ばれるカウンセラー訓練では、こうしたビデオ活用を中心にしながらカウンセラー訓練が行なわれる。

そして抵抗に対する自己の内的および外的反応についても洞察を深めてゆく。カウンセリング技法の訓練である以上、もちろん上手に抵抗を取り扱う技法も検討される。これには観察された抵抗に対してどのような技法が適切であるかをまずグループで討論し、そのなかから見込みがあると思われる技法を実際にロールプレーで実践してみる。こうして試行錯誤をしながら、抵抗を処理する技術を磨いてゆくのである。

評　価

　技法訓練についての学生の評価には、カウンセリング技術を取り巻く条件や理論に関する筆記試験とロールプレーによる実技の両方が用いられる。理論と技術は不即不離の関係にあり、どちらか一方が欠けると片手落ちとなってしまう。技法についての筆記試験では、第1章で考察した理論的事項を中心に、それぞれの技法に関した知識を多項目選択式でテストする。これに対し実技評価では、学生たちがこれまで履修してきたカウンセリング技術を、あらかじめ定められた一定水準で実行できるかどうかを確認する。一般に実技試験では、技術の熟練度の測定ではなく、合格レベルとされる技術を個人が保持しているかどうかの判定が中心となる。ちょうど自動車免許の試験が、卓越した運転技術ではなく、安全運転に必要な交通法規と基本的な操作技術を審査の対象とするのと同じ論理である。従ってカウンセリングの実技評価も、基本の技法を修得した確証を得るのがねらいとされる。

　筆記試験は通常、中間期と学期末に1回ずつ行なわれる。これは理論中心の評価となる。カウンセリングの実技試験も2回であるが、1回目の評価は傾聴からその他の技法までの履修後に、2回目は問題定義・目標設定の学習を終了してすべての技術とロールプレーに十分親しんだ学期末に行なわれる。ロールプレーに要する時間は初回が10分、学期末は20分程度である。2回目の実技は、いわば技法の総括となるので少々長びく。学生たちにはあらかじめ、実技について評価の対象となる技法とその審査基準についてはっきりと伝えておく。例えば、傾聴からその他の技法までを対象とした最初の評価では、傾聴技術の

デモンストレーションを最低7割、活動技法とその他の技法を合わせて3割実演する、といった具合である。実技試験における審査基準の明確化は、学生たちの困惑や不安を緩和するだけではなく、ロールプレーの判定を公平にする目的も兼ねているので、必ず行なわねばならない。

評価は、学生たちの技法修得に対してだけではなく、コースと訓練・筆者の教え方に対して、逆に学生からも行なわれる。カウンセリング技術はポジティブな人間関係を構築する技術であり、その技法を指導するべき立場にある者は、それを言葉で語るだけでなく実践してゆくことが必要とされる。言い換えるなら、カウンセリング指導者は優れたコミュニケーション技術を保持する模範として、カウンセリングの本質をモデリングしながら学生たちを教化するよう努力せねばならない。これには学生たちからの評価とフィードバックが役立つ。筆者は各学期末に、技法指導の良かったところ・改良を要するところ・訓練形式の構成・全般の印象等についてのアンケート調査を行ない、指導技術の評価を求める。公正さと秘密保持のため、アンケートは筆者不在の状況で行ない、無記名が原則である。学生たちによるこうした評価は指導者としての筆者の不安感を高めるが、技法訓練のクオリティを確保するために決して欠かすことはできない。こうした努力の結果、指導者と学生たちはカウンセリング訓練を通じて共に成長してゆくのだと言えよう。

まとめ

カウンセリングの技法訓練には時間と努力を要する。本章では、筆者がアメリカの大学院で実際に行なっている技法訓練について述べてみた。1学期35時間のカリキュラムで、非言語要素の観察技術・傾聴技法・活動技法・その他の技法・問題定義・目標設定・抵抗処理の諸技術を積み重ね式に修得してゆく。訓練には模倣学習の原則が取り入れられ、筆者によるデモンストレーション、グループ学習、ビデオを使ったロールプレーの順序で進められる。評価は訓練の中間と末期に1回ずつ行なわれるが、技法訓練の質向上のために、指導する

筆者も学生たちによって評定される。こうした組織的な技法学習が日本のカウンセリング訓練にも採択されることは十分可能であろう。本章で述べた方法論が少しでも参考になれば幸いである。

第10章　進行過程による技法を超えて

　カウンセリングの進行過程に基づく技法訓練では、クライアントの理解とラポートづけによる関係構築に始まり、問題定義と目標設定のためのカウンセリング技術の修得を進めてゆくが、目標を設定した後にはどのような技法が使われるのであろうか？　目標設定につづく段階は実行期（Egan, 1994）や活動期（Hill & O'Brien, 1999）と名付けられるが、ここではクライアントの問題解決と目標達成に合わせて多様な技法が用いられる。こうした技法はカウンセリング理論に基づいていたり、またはクライアントの状況や目的にかなったものである（第1章参照）。この章ではこれらの技法について短い概説を加えてみる。

カウンセラーの理論的立場と技法の選択

　技法の選択に当たり、カウンセラーはクライアントの問題定義や目標設定以外に、自分自身の理論的立場を考慮する必要がある。通常クライアントの問題には多様性があり、複数の理論による解決のアプローチが可能である。しかし問題によっては特定の理論による技法が最適とされる場合もありうる。一例を挙げるなら、強迫障害（obsessive-compulsive disorder, OCD）をわずらうクライアントにはエキスポージャー（exposure）と呼ばれる行動理論に基づくカウンセリング・テクニックがいちじるしい効果を上げることが最近になって実証された（Baxter, Schwartz, Bergman, Szuba, Guze, Mazziotta, Alazraki, Selin, Feng, Munford, & Phelps, 1992）。このため強迫障害のカウンセリングにはエキスポージャー技法が用いられるべきであり、カウンセラーは行動理論に詳しいか、少なくともこの技法についての専門知識と訓練・臨床経験を持って

いることが、カウンセリング治療を行なう前提条件とされる。しかしカウンセラーがエキスポージャーについての実践知識を持っておらず、効果がはっきりとしない他の技法を強迫障害のクライアントに用いるとすれば、場合によっては非倫理的行為とも見なされかねないであろう。このような実証的データによってカウンセリング技法を選択するアプローチは、「エビデンス（根拠）に基づくカウンセリング」（evidence-based counseling）とか「実証的に確認された心理療法」（empirically-supported psychotherapy）として急速に広まりつつある（Snyder & Ingram, 2000）。こうした動向はクライアントにとって好ましいことであるが、技法選択に当たりカウンセラーは自分のこれまでの訓練と技量を詳しく評価せねばならず、意思決定を複雑にするものである。

　特定のカウンセリングの理論から派生した技法を選ぶ際、当然ながら、カウンセラーは現存するさまざまなカウンセリング理論について幅広い知識を持っていることが望ましい。現在、主流とされるカウンセリング理論だけでもすでに30を超えているが（第1章参照）、幸いにも優れたテキストや書籍が数多く出版されている（例えばBankart, 1997; Corsini & Wedding, 2000; Patterson & Watkins, 1996など）。個別の理論によるカウンセリング技法の詳細についてはこれらの専門書にゆずるとして、この章ではカウンセリング理論を巨視的な観点からみた技法、および特定の心理障害の治療に最近使われるようになった技法について考察し、本書の結びとしたい。

カウンセリング理論に基づく技法

　カウンセリング理論は、第1章で試みたように（1）分析的、（2）実存・人間主義的、（3）認知的、（4）行動的、（5）システム主義的に大別できるので[25]、この分類に従ってそれぞれの理論グループに属する技法を考察してみると面白いと思われる。通常、カウンセラーの理論的立場は個人の好みや価値観によって選ばれるが、最近では特定の理論に固執せず、クライアントの問題とニーズに合わせていろいろな理論から技法を選択して利用するカウンセラー

も増えつつある。このアプローチは方法論的折衷主義（methodological eclecticism）と呼ばれる（第6章参照）。特定の理論にこだわらないため、折衷主義によるカウンセリングは中途半端に陥りやすい危険をはらむ反面、臨機応変に違った技法を使えるという長所も含んでおり一考に価するであろう（Patterson, 1986）。5つのカウンセリング理論群による技法の特色を以下に述べるが、さらに深く研究したい読者のために代表的な文献を本文中に示しておく。

分析的理論による技法

ガバード（Gabbard, 1994）によると、精神分析的カウンセリングでは、（1）主観的な体験の独自性、（2）無意識、（3）心理的決定論、（4）過去の未来性、（5）転移、（6）逆転移、（7）抵抗、に焦点が当てられる。これらを扱う技法としては、無意識の開示レベルに応じて最も深いとされる解釈（expressive techniques）からクライアントの意識的な支持をねらいとする確認（supportive techniques）まで、下記の7種類のテクニックが用いられる。

・解釈（interpretation）——クライアントの無意識を意識化させる
・指摘（confrontation）——クライアントが否定したり無視する事実を指摘する
・明瞭化（clarification）——複雑な情報を整理してはっきりさせる
・詳細奨励（encouragement to elaborate）——クライアントに詳細を述べるよう奨励する
・共感的確認（empathic validation）——クライアントの感情に共感を示し確認する

---

[25] コーミエーら（1998）はカウンセリング理論を情動的（人間中心理論、ゲシュタルト療法、精神分析理論、など）、認知的（理性感情行動療法、交流分析、現実療法）、行動的（オペラント条件づけ法、社会学習理論、など）、システム的（構造療法、戦略的家族療法、など）、文化的（多文化カウンセリング）の5種類に分類している。分類の方法に少し相違が見られるが、本書のモデルと似かよっている。こうした分類に当てはまらない理論としては、折衷主義理論やフェミニスト理論がある。

・助言・賞賛（advice and praise）――クライアントに助言や賛辞の言葉を与える
・確認（affirmation）――クライアントに相づちを打つ

これによると、分析的カウンセリングには、共感的確認や詳細探索など傾聴・活動技法（感情反映、探索）に類似した技法と、「無意識の意識化」を試みる解釈のように精神分析理論に基づく独特の技術も含まれていることが分かる。

分析的カウンセリングの最近の特色としては、対象関係論（Kernberg, 1975, 1984）やセルフ心理学（コフート、1971, 1977）、対人関係療法（Benjamin, 1995）などの新しい技法の導入であろう。これらのなかで、特にコフートのセルフ心理学では共感を分析的治療の核心と見なし、クライアントの無意識の解釈だけでなく、クライアントと共感的な人間関係を結ぶ技法が重要視されている。コフートの著書は難解なことで知られるが、自己愛人格障害（narcissistic personality disorder）を持つクライアントの治療に興味を持つカウンセラーには必読とされている。

実存・人間主義的理論による技法

実存・人間主義グループに属するカウンセリング理論は、クライアントに対するカウンセラーの実存的態度とそれから生じる真実の対人関係を重視するため、クライアントを聴く傾聴技法が中心とされる。それ以外の「技法」は通常、カウンセリングでは用いられない[26]。唯一の例外はパールズ（Perls, 1969,

---

[26] 日本でも「夜と霧」などの著作で評判となったフランクル（1961）はロゴテラピーを提唱し、そのテクニックとして強迫神経症の治療に用いる逆説志向と反省除去という2つの技法を紹介した。現在では、これらの技法は認知行動療法のテクニックとして多くのカウンセラーに利用されている。しかしフランクル自身はこれらの技法そのものよりも、それによってクライアントが自己の置かれたどのような状況にも意味を見いだす態度を強調し、これを「意味への意思（the will to meaning）」と名づけた。フランクルのカウンセリング・アプローチが認知行動主義ではなく、実存・人間主義的と見なされるのは、この理由による。

1973)のゲシュタルト療法であろう。このアプローチでは、クライアントに「いま、ここで」（here and now）の即時性を強調するための手段として数々の技法が開発されている。パッソンズ（1975）はカウンセリングに役立つゲシュタルト技法を体系化し、それらを（1）言語技法、（2）非言語技法、（3）想像技法、（4）過去・未来技法、（5）感情技法、の5つに分類した。これらのテクニックはクライアントの「気づき」（awareness）を高めることをねらいとしている。

認知理論による技法

認知理論に基づくカウンセリングでは、誤ったものの見方や解釈が感情と行動に悪影響を与え、同時にこれらの修正が個人の現実適応と成長を促進させると仮定する。従ってこのグループに属するカウンセリングの技法は、クライアントの思考方法と内容の査定、および間違った考え方の改善に焦点を置くものが多い。興味深いことは、もともと精神分析から派生した個人心理学（アドラー、1996; Nikelly, 1971）や交流分析（池見・杉田、1998; James, 1977）も、技法的には認知理論と考えられることである。日本で考案された森田療法も治療の主眼としてクライアントに「悪智」と「善智」の区別を教え、作業と日記指導による「思想の矛盾」打破を目指す認知技法が幅広く取り入れられており、極めて認知的と言えよう（森田、1960）。本書第5章で紹介したリフレーミングも認知理論によるテクニックとしてカウンセリングで頻繁に用いられる。

これ以外の認知理論による主要な技法としては、認知再構成法（cognitive restructuring）と認知モデリング（cognitive modeling）が知られている。認知再構成法はゴールドフリード（Goldfried & Davison, 1994; Goldfried, Decenteceo, & Weinberg, 1974）によって考案された4段階のテクニックで、クライアントの間違った考え（irrational belief）を突き止め、それを認知療法の原理の応用から適切な考え方に修正する技法である。この技法は不安障害やうつに対して高い効果が実証されている（Emerson, West, & Ginter, 1991; Vance & Watson, 1994）。認知再構成法が誤った思考の判定と矯正を目指すのに対し、

認知モデリングは行動を遂行する際に必要とされる「認知のルール」すなわち適切な考え方を、クライアントに教える技法である。認知モデリングの一例としては、マイケンバウムとグッドマン（Meichenbaum & Goodman, 1971）の研究が代表的とされている。この研究では、衝動性の高い問題児に欲求不満に対処するセルフトーク（自己対話）技術を認知モデリングによって教え、問題とされた行動を改善させることに成功した。つまり衝動に対する認知ルールの学習により、衝動の抑制が可能になったのである。このように、正しい思考手順を習得させることにより行動の変化をもたらすのが認知モデリングの特徴である（Rath, 1998）。

認知理論によるカウンセリング技法は、行動理論による技法と共に利用されることが多く、認知行動技法としても展開をみせている。最近の認知療法と認知行動療法の技法については、マクミュリン（McMullin, 2000）やオドノヒューら（O'Donohue, Fisher, & Hayes, 2003）の著作に詳しい。

行動理論による技法

行動理論から派生したカウンセリング技法は、パブロフの条件反射を利用したレスポンデント（古典的）条件づけ（respondent [classical] conditioning）とスキナーによるオペラント条件づけ（operant conditioning）の2種類に大別される。レスポンデント理論による代表的な技法としては、系統的脱感作（systematic desensitization）（Wolpe, 1958）はじめ、エキスポージャー／フラッディング療法（exposure/flooding therapy）（Olsen, 1976）、条件づけ抑制法（conditioned inhibition technique）（Goldfried & Davison, 1994）、さらに最近では眼性運動と脱感作を混合させたEMDR（eye movement desensitization and reprocessing）（Shapiro, 1995）などがある。オペラント原理を利用したテクニックは、クライアントが好ましい反応を見せたときにトークンと呼ばれるコインなどを与えるトークン・エコノミー法や、クライアントの行動を目的にそって修正してゆく反応形成（シェーピング）法がその典型である（内山、1988）。

これらの行動理論による技法以外に、リラクセーション、すなわち全身の筋肉弛緩によるストレス管理（ベンソンとクリッパー、2001）や自律訓練法（佐々木、1987）、瞑想（Shapiro, 1980）、また催眠療法（Otani, 1989-c）などの技法も広義の行動カウンセリングと見なしてよい。

システム理論による技法

カウンセリングにおけるシステム理論は、クライアントを単に個人としてではなく、カウンセラー、クライアントの伴侶や家族、またはもっと巨視的に社会全体との関連において把握し、問題解決を目指すアプローチと考えられる。原則としては、クライアントが属しているシステム（組織）内における個人相互間のコミュニケーションを改善し、それによってクライアントの適応性を向上させ行動変容をもたらすことをねらいとする。バルーとブラウン（Ballou & Brown, 2002）のフェミニスト療法や吉川と東（2001）による家族療法は、明確にこの立場からカウンセリングの考察と技法の解説を試みている。また家族療法から発展した戦略的療法（ヘイリー、1988）や逆説療法（Weeks & L'Abate, 1982）もシステム理論の応用であり、これらの技法は一般の個人カウンセリングでも用いられることが多い。

特定の障害の治療を目的とした技法

進行過程を越えたカウンセリング技法には、上記のような理論に由来するものだけでなく、特定の障害の治療をねらいとした技術も含まれる。例えば、先に述べたように森田療法の技法は認知的要素が強いが、この療法の目的は主に不安障害や強迫性障害など「神経質」の治療を目的とするものである（岩井・阿部、1975）。このような特定の障害の治療を目的とする技法は数多く見受けられるが、技術的に体系化されたものは比較的少なく、現在のところ気分障害（うつ）に対する認知療法（ベック、ラッシュ、ショーとエメリー, 1987）および対人関係療法（Rounsaville, Klerman, Chevron, & Weissman, 1984）、境

界例人格障害の弁証法的セラピー（Linehan, 1993)、そしてトラウマ障害 (PTSD) の段階的セラピー（Herman, 1992）の4つが組織化されたカウンセリングの技法として有名であり実践に応用されている。これらのアプローチでは、それぞれの障害に特有の症状や病的要因を分析し、それらに対して適切なカウンセリング技法が折衷的に利用されるのが特徴である。

　例えばトラウマ障害の段階的セラピーでは、認知療法や行動療法などの技法を組み合わせてトラウマ症状の緩和、トラウマ反応の計画的除反応、自我強化、再発予防、と漸進的にカウンセリングを進めてゆく（大谷、2003）。こうしたメンタルヘルス分野のカウンセリングの実践には、進行過程や理論に基づく幅広いカウンセリング技術だけでなく、治療の対象とされる障害の病理やクライアントの心理、そして先に述べた実証的に確認された技法についても、カウンセラーは熟知していなければならない。それゆえメンタルヘルス分野のカウンセリングを専門とする臨床心理士には幅広い知識と経験が要求されると言えよう。

まとめ

　カウンセリング技法の修得は、発達過程から考案された技術にはじまり、それを基軸に特定のカウンセリング理論に基づいたテクニックや、心理治療をねらいとする特別な臨床技術の獲得へと進んでゆく。カウンセリング理論は分析的、実存・人間主義的、認知的、行動的、システム的に分類できるので、読者は興味のある理論をこれらのなかから選び、さらに高度な技法を身につけることが望ましい。もう一つの、発達過程を越えたカウンセリング技法は、クライアントの障害に合わせた臨床技法である。これにはカウンセリングの技法一般だけでなく、特定な障害の病理とそれに関する実証的に確定された方法論についての専門知識が同時に必要とされる。

参考文献

アドラー、A. (1996). 個人心理学講義：生きることの科学. (岸見一郎・野田俊作、訳) 東京：一光社

American Psychiatric Association. (1996). *International classification of disorders* (10th edition). Washington, D.C.: Author.

American Psychiatric Association. (2000). *Diagnostic and statistical manual of mental disorders* (4th edition, Text Revised). Washington, D.C.: Author.

Anderson, C.M., & Stewart, S. (1983). *Mastering resistance: A practical guide to family therapy.* New York: Guilford.

Ballou, M., & Brown, L.S. (Eds.). (2002). *Rethinking mental health and disorder: Feminist perspectives.* New York: Guilford.

Bandura, A. (1969). *Principles of behavior modification.* New York: Holt, Rinehart, & Winston.

Bandura, A. (1977). Self-efficacy: Toward a unifying theory of behavior change. *Psychological Review, 84,* 191-215.

Bandura, A. (1982). Self-efficacy mechanism in human agency. *American Psychologist, 37,* 122-147.

バンデューラ、A. (1997). 激動社会の中の自己効力. (本間寛・野口京子・春木豊・山本多喜司、訳) 東京：金子書房

Bankart, C.P. (1997). *Talking cures: A history of Western and Eastern psychotherapies.* Pacific Grove, CA: Brooks/Cole.

バーンランド、D.C. (1973). 日本人の表現構造——言葉・しぐさ・カルチュア. (西山千、訳) 東京：サイマル出版会

ベイトソン、G. (2001). 精神と自然——生きた世界の認識論. (佐藤良明、訳) 東京：新思策社

Baxter, L.R., Schwartz, J.M., Bergman, K.S.,Szuba, M.P., Guze, B.H., Mazziotta, J.C., Alazraki, A., Selin, C., Feng, H.K., Munford, P., & Phelps, M.E. (1992). Caudate glucose metabolic rate changes with both drug and behavior therapy for obsessive-compulsive disorder. *Archives of General Psychiatry, 40,* 681-689.

ベック、A.T., ラッシュ、B.F., ショー、A.J., エメリー、G. (1992). うつ病の認知療法. (神村・前田・清水・板野訳) 東京：岩崎学術出版社

Benjamin, L. (1995). *Interpersonal diagnosis and treatment of personality disorder* (2nd ed.). New York: Norton.

ベンソン、H.、クリッパー、M. (2001). リラクセーション反応. 東京：星和書店

Berne, E. (1964). *Games people play.* New York: Grove Press.

Bordin, E.S. (1979). The generalizability of the psychoanalytic concept of the working alliance. *Psychotherapy: Theory, Research, and Practice, 16,* 252-260.

Borrelli, B., Spring, B., Niaura, R., Hitsman, B., & Papandonatos, G. (2001). Influences of gender and weight gain on short-term relapse to smoking in a cessation trial. *Journal of Consulting and Clinical Psychology, 69,* 511-515.

Bourne, Jr., L.E., Dominowski, R.L., & Loftus, E.F. (1979). *Cognitive processes.* Englewood Cliffs, NJ: Prentice-Hall.

Brammer, L.M., Shostrom, E.L., & Abrego, P.J. (1989). *Therapeutic psychology: Fundamentals of counseling and psychotherapy* (5th ed.). Englewood, NJ: Prentice-Hall.

Brown, D.P., & Fromm, E. (1986). *Hypnotherapy and hypnoanalysis.* Mahwah, NJ: Lawrence

Erlbaum Associates.
Butler, S.F., Strupp, H.H., & Binder, J.L. (1992). Time-limited dynamic psychotherapy. In S.H. Budman, M.F. Hoyt, & S. Friedman (Eds.), *The first session in brief therapy* (pp. 59-86). New York: Guilford.
Carkhuff, R.R., Pierce, R.M., & Cannon, J.R. (1977). *The art of helping III*. Amherst, MA: Human Resource Development Press.
Collins, R.J. (1992). *Japan-think, Ameri-think: An irreverent guide to understanding the cultural differences between us*. New York: Penguin Books.
Corey, G. (2001). *Theory and practice of counseling and psychotherapy* (6th ed.). Belmont, CA: Brooks/Cole.
Cormier, W.H. (2002). *Personal communication*.
Cormier, L.S., & Cormier, W.H. (1979). *Interviewing strategies for helpers: A guide to assessment, treatment, and evaluation*. Belmont, CA: Wadsworth.
Cormier, L.S., & Cormier, W.H. (1998). *Interviewing strategies for helpers: Fundamental skills and cognitive behavioral interventions* (4th ed.). Pacific Grove, CA: Brooks/Cole.
Cormier, S., & Nurius, P.S. (2003). *Interviewing and change strategies for helpers: Fundamental skills and cognitive behavioral interventions* (5th ed.). Pacific Grove, CA: Brooks/Cole.
Corsini, R.J., & Wedding, D. (Eds.). (2000). *Current psychotherapies* (6th ed.). Belmont, CA: F.E. Peacock.
デボノ、E.（1971）．水平思考の世界―電算機械時代の創造的思考法．（白井實、訳）東京：講談社
Dimitrius, J., & Mazzarella, M. (1998). *Reading people*. New York: Ballantine Publishing.
Dinkmeyer, D.C., Pew, W.L., & Dinkmeyer, D.C., Jr. (1979). *Adlerian counseling and psychotherapy*. Monterey, CA: Brooks/Cole.
Egan, G. (1975). *The skilled helper*. Pacific Grove, CA: Brooks/Cole.
Egan, G. (1994). *The skilled helper* (5th ed.). Pacific Grove, CA: Brooks/Cole.
Egan, G. (1998). *The skilled helper: A problem-management approach to helping* (6th ed.). Pacific Grove, CA: Brooks/Cole.
イーガン、G.（1998）．熟練カウンセラーをめざすカウンセリング・テキスト．（鳴沢実・飯田栄、訳）東京：創元社
Ekman, P. (Ed.). (1983). *Emotion in the human face* (2nd ed.). Cambridge, MA: Cambridge University Press.
Emerson, P., West, J.D., & Ginter, G.G. (1991). An Adlerian perspective on cognitive restructuring and treating depression. *Journal of Cognitive Psychotherapy, 5*, 41-53.
Ferrara, K.W. (1994). *Therapeutic ways with words*. New York: Oxford University Press.
Flemons, D. (2001). *Of one mind: The logic of hypnosis, the practice of therapy*. New York: Norton.
フランクル、V.E.（1961）．神経症（1・2）．（宮本忠雄・小田晋・霜山徳爾、訳）東京：みすず書房
Fujita, C. (1985). *Morita Psychotherapy*. Tokyo: Igaku Shoin.
Gabbard, G.O. (1994). *Psychodynamic psychiatry in clinical practice: The DSM-IV edition*. Washington D.C.: American Psychiatric Press.
Gagne, R.M. (1985). *The Conditions of Learning and Theory of Instruction* (4th ed.). Pacific Grove: Wadsworth.
Gelso, C.J., & Carter, J.A. (1985). The relationship in counseling and psychotherapy: Components, consequences, and theoretical antecedents. *The Counseling Psychologist, 13*, 155-243.
Glasser, W. (1965). *Reality therapy: A new approach to psychiatry*. New York: Harper & Row.
Glasser, W. (1998). *Control theory: A new psychology of personal freedom*. New York: Harper

Collins.
Goldfried, M.R., & Davison, G.C. (1994). *Clinical behavior therapy* (expanded edition). New York: Wiley.
Goldfried, M.R., Decenteceo, E.T., & Weinberg, L. (1974). Systematic rational restructuring as a self-control technique. *Behavior Therapy, 5,* 247-254.
Goldfried, M.R., & Padawer, W. (1982). Current status and future directions in psychotherapy. In M.R. Goldfried (Ed.), *Converging themes in psychotherapy: Trends in psychodynamic, humanistic, and behavioral practice* (pp. 3-49). New York: Springer.
Goleman, D. (2003). *Destructive emotions: How can we overcome them?* New York: Bantam.
Greenberg, L.S. (2001). *Emotion-focused therapy: Coaching clients to work through their feelings.* Washington, DC: American Psychological Association.
Greenson, R.R. (1967). *The technique and practice of psychoanalysis (Vol. 1).* Madison, WI: International Universities Press.
Haley, J. (Ed.). (1985). *Conversations with Milton H. Erickson, M.D.: Vol. 1. Changing Individuals.* New York: Norton.
Haley, J. (1996). *Learning and teaching therapy.* New York: Guilford.
ヘイリー、J. (1984). 戦略的心理療法の展開―苦行療法の実際. (高石・横田、訳) 東京:星和書店
Hall, E.T., & Hall, M.R. (1987). *Hidden differences: Doing business with the Japanese.* New York: Anchor Press.
Havens, L. (1989). *A safe place: Laying the groundwork of psychotherapy.* Cambridge, MA: Harvard University Press.
Herman, J.L. (1992). *Trauma and recovery* (Rev. ed.). New York: Basic Books.
Hill, C.E. (Ed.). (2001). *Helping skills: The empirical foundation.* Washington, D.C.: American Psychological Association.
Hill, C.E., & O'Brien, K.M. (1999). *Helping skills: Facilitating exploration, insight, and action.* Washington, DC: American Psychological Association.
Horowitz, M.J. (1989). *Stress response syndromes* (2nd ed.). Northvale, NJ: Jason Aronson.
Horowitz, M.J. (2000). Brief cognitive-dynamic treatment of stress response syndromes. In C.R. Snyder & R.E. Ingram (Eds.), *Handbook of psychological change: Psychotherapy process and practices for the 21st century* (546-561). New York: Wiley.
Horvath, A.O., & Greenberg, L.S. (1986). The development of the Working Alliance Inventory. In L.S. Greenberg & W. Pinsof (Eds.), *The psychotherapeutic process: A resource handbook* (pp. 529-556). New York: Guilford.
Horvath, A.O., & Symonds, R.D. (1991). Relation between workikng alliance and outcome in psychotherapy: A meta-analysis. *Journal of Counseling Psychology, 38,* 139-149.
Horvath, A.O., & Luborsky, L. (1993). The role of the therapeutic alliance in psychotherapy. *Journal of Consulting and Clinical Psychology, 61,* 561-573.
Hoyt, W.T. (1996). Antecedents and effects of perceived therapist credibility: A meta-analysis. *Journal of Counseling Psychology, 43,* 430-447.
Hoyt, M.F., Rosenbaum, R., & Talmon, M. (1992). Planned single-session psychotherapy. In S.H. Budman, M.F. Hoyt, & S. Friedman (Eds.), *The first session in brief therapy* (pp. 59-86). New York: Guilford.
池見酉次郎、杉田峰康 (1998). セルフコントロール―交流分析の実際. 東京:創元社
Ingram, R.E., Hayes, A., & Scott, W. (2000). Empirically supported treatments: A critical analysis. In C.R. Snyder & R.E. Ingram (Eds.), *Handbook of psychological change: Psychotherapy process and practices for the 21st century* (40-60). New York: Wiley.
Ivey, A.E. (1994). *Intentional interviewing and counseling: Facilitating client development in a*

multicultural society (3rd ed.). Pacific Grove: Brooks/Cole.
Ivey, A.E., Ivey, M.B., & Simek-Morgan, L. (1987). *Counseling and psychotherapy: Skills, theories, and practice* (2nd ed.). Englewood Cliffs, NJ: Prentice-Hall.
岩井寛・阿部亨（1975）. 森田療法の理論と実際. 東京：金剛出版
James, M. (1977). *Techniques in transactional analysis for psychotherapists and counselors.* Menlo Park, CA: Addison-Wesley.
Jourard, S.M. (1971). *The transparent self* (Rev. ed.). New York: Van Nostrand Reinhold.
Kagan, N. (1998). *Interpersonal process recall update.* North Amherst, MA: Microtraining.
Kanfer, F.H., & Goldstein, A.P. (Eds.). (1980). *Helping people change* (2nd ed.). New York: Pergamon Press.
Karoly, P., & Harris, A. (1986). Operant methods. In F.H. Kanfer & A.P. Goldstein (Eds.), *Helping people change: A textbook of methods* (3rd ed.) (pp. 111-144). New York: Pergamon Press.
Kaslow, F.W. (Ed.). (1996). *Handbook of relational diagnosis and dysfunctional family patterns.* New York: Wiley.
Kendall, P.C., & Hollon, S.D. (Eds.). (1979). *Cognitive-behavioral interventions: Theory, research, and procedures.* New York: Academic Press.
Kernberg, O.F. (1975). *Borderline conditions and pathological narcissism.* New York: Jason Aronson.
Kernberg, O.F. (1984). *Severe personality disorders: Psychotherapeutic strategies.* New Haven, CT: Yale University Press.
コフート, H.（1971）. 自己の分析.（近藤三男・小久保勲・笠原嘉・滝川健司・水野信義、訳）東京：みすず書房
コフート, H.（1977）. 自己の修復.（本城秀次・本城美恵・笠原嘉・山内正美、訳）東京：みすず書房
Linehan, M. (1993). *Skills manual training for treating borderline personality disorder.* New York: Guilford.
MacKinnon, R.A., & Michels, R. (1971). *The psychiatric interview in clinical practice.* Philadelphia: W.B. Saunders.
McMullin, R.E. (2000). *The new handbook of cognitive therapy techniques* (Revised ed). New York: Norton.
Mahoney, M.J. (2000). Training future psychotherapists. In C.R. Snyder & R.E. Ingram (Eds.), *Handbook of psychological change: Psychotherapy process and practices for the 21st century* (727-735). New York: Wiley.
Meador, B.D., & Rogers, C.R. (1973). Client-centered therapy. In R. Corsini (Ed.), *Current psychotherapies* (pp. 119-166). Itasca, IL: Peacock.
Mehrabian, A. (1971). *Silent messages.* Belmont, CA: Wadsworth.
Meichenbaum, D.H., & Goodman, J. (1971). Training impulsive children to talk to themselves: A means of developing self-control. *Journal of Abnormal Psychology, 77*, 115-126.
森田正馬（1960）. 神経質の本態と療法. 東京：白楊社
Mosak, H.H., & Dreikurs, R. (1972). Adlerian psychotherapy. In R. Corsini (Ed.), *Current psychotherapies* (pp. 35-83). Itasca, IL: Peacock.
Multon, K.D., Ellis-Kalton, C.A., Heppner, M.J., & Gysbers, N.C. (2003). The relationship between counselor verbal response modes and the working alliance in career counseling. *The Career Development Quarterly, 51*, 259-271.
Nagle, D.P., Hoffman, M.A., & Hill, C.E. (1995). A comparison of verbal response modes used by master's-level career counselors and other helpers. *Journal of Counseling and Development, 74*, 101-104.
Nikelly, A.G. (Ed.). (1971). *Techniques for behavior change: Applications of Adlerian theory.*

Springfield, IL: Charles C. Thomas.
Norcross, J. (Ed.). (1986). *Handbook of eclectic psychotherapy*. New York: Brunner/Mazel.
O'Dohohue, W., Fisher, J.E., & Hayes, S.C. (Eds.). (2003). *Cognitive behavior therapy: Applying empirically supported techniques in your practice*. New York: Wiley.
O'Hanlon, W.H., & Weiner-Davis, M. (1989). *In search of solutions: A new direction in psychotherapy*. New York: Norton.
O'Leary, K.D., & Wilson, G.T. (1987). *Behavior therapy* (2nd ed.). Englewood Cliffs, NJ: Prentice-Hall.
Olsen, P. (1976). *Emotional flooding*. New York: Human Sciences Press.
大野晋・浜田正人 (2001). 類語国語辞典. 東京：角川書店
大谷彰 (2003). PTSDの本質と治療：催眠の立場から. 臨床催眠学、4、12-17.
Otani, A. (1989-a). Client resistance in counseling: Its theoretical rationale and taxonomic classification. *Journal of Counseling and Development, 67*, 458-461.
Otani, A. (1989-b). Resistance management techniques of Milton H. Erickson, M.D.: An application to nonhypnotic mental health counseling. *Journal of Mental Health Counseling, 11*, 325-334.
Otani, A. (1989-c). Integrating Milton H. Erickson's hypnotherapeutic techniques into general counseling and psychotherapy. *Journal of Counseling and Development, 68*, 203-207.
Passons, W.R. (1975). *Gestalt approaches in counseling*. New York: Holt, Rinehart & Winston.
Patterson, C.H. (1986). *Theories of counseling and psychotherapy* (4th ed.). New York: Harper & Row.
Patterson, C.H., & Watkins, C.E. (1996). *Theories of psychotherapy* (5th ed.). New York: Harper/Collins.
Petry, N.M., Tennen, H. & Affleck, G. (2000). Stalking the elusive client variable in psychotherapy research. In C.R. Snyder & R.E. Ingram (Eds.), *Handbook of psychological change: Psychotherapy process and practices for the 21st century* (pp. 88-108). New York: Wiley.
Pope, B. (1979). *The mental health interview*. New York: Pergamon.
Pope, B., & Siegman, A.W. (1968). Interview warmth in relation to interviewee verbal behavior. *Journal of Consulting and Clinical Psychology, 32*, 588-595.
Prue, D.M., Scott, R.R., & Denier, C.A. (1985). Behavioral assessment of smoking behavior. In W.W. Tryon (Ed.), *Behavioral assessment in behavioral medicine* (pp. 66-115). New York: Springer.
Rath, S. (1998). Verbal self-instructional training: An examination of its efficacy, maintenance, and generalization. *European Journal of Psychology of Education, 13*, 399-409.
Reed, G.R., Velicer, W.F., & Prochaska, J.O. (1997). What makes a good staging algorithm: Examples from regular exercise. *American Journal of Health Promotion, 12*, 57-66.
Rimm, D.C., & Masters, J.C. (1979). *Behavior therapy: Techniques and empirical findings* (2nd ed.). New York: Academic Press.
Rogers, C.R. (1942). *Counseling and psychotherapy*. Boston: Houghton Mifflin.
Rogers, C.R. (1957). The necessary and sufficient conditions of therapeutic personality change. *Journal of Consulting Psychology, 21*, 95-103.
Rogers, C.R. (1958). A process conception of psychotherapy. *American Psychologist, 13*, 142-149.
Rogers, C.R. (1961). *On becoming a person: A therapist's view of psychotherapy*. New York: Houghton-Mifflin.
Rogers, C.R. (Ed.). (1967). *Therapeutic relationship and its impact: A study of psychotherapy with schizophrenics*. Madison, WI: University of Wisconsin Press.
Rogers, C.R. (1975). Empathic: An unappreciated way of being. In C.R. Rogers (1980), *A way of*

being (137-163). New York: Houghton-Mifflin.
Rogers, C.R., Gendlin, E.T., Kiesler, D.J., & Truax, C.B. (1967). *The therapeutic relationship and its impact: A study of psychotherapy with schizophrenics*. Madison, WI: University of Wisconsin Press.
ローゼン、S.（1996）．私の声はあなたとともに：ミルトン・エリクソンの癒しのストーリー．（中野善行・青木省三、監訳）大阪：二瓶社
Rosenbaum, R.L., Horowitz, M.J., & Wilner, N. (1986). Clinician assessments of patient difficulty. *Psychotherapy, 23*, 417-425.
Rotter, J.B. (1966). Generalized expectancies for internal versus external control of reinforcement. *Psychological Monographs: General and Applied, 80(1, Whole No. 609)*.
Rounsaville, B., Klerman, G.L., Chevron, E., & Weissman, M.M. (1984). *Interpersonal therapy of depression*. New York: Basic Books.
Rudestam, K.E. (1980). *Methods of self-change: An ABC primer*. Pacific Grove, CA: Brooks/Cole.
Salzman, L. (1985). *Treatment of the obsessive personality* (Revised ed.). Northvale, NJ: Jason Aronson.
佐々木雄二（1987）．自律訓練法の実際―心身の健康のために．東京：創元社
Shapiro, D.H. (1980). *Meditation: Self-regulation and altered state of consciousness*. New York: Aldine.
Shapiro, D. (2000). *Dynamics of character: Self-regulation in psychotherapy*. New York: Basic Books.
Shapiro, F. (1995). *Eye movement desensitization and reprocessing: Basic principles, protocols, and procedures*. New York: Guilford.
Shelton, J.L., & Levy, R.L. (1981). *Behavioral assignments and treatment compliance*. Champaign, IL: Research Press.
Singer, E. (1970). *New concepts in psychotherapy*. New York: Basic Books.
Snyder, C.R., & Ingram, R.E. (2000). Psychotherapy: Questions for an evolving field. In C.R. Snyder & R.E. Ingram (Eds.), *Handbook of psychological change: Psychotherapy process and practices for the 21st century* (707-726). New York: Wiley.
Stone, M.H. (1993). *Abnormalities of personality: Within and beyond the realm of treatment*. New York: Norton.
Strong, S.R. (1968). Counseling: An interpersonal influence process. *Journal of Counseling Psychology, 15*, 215-224.
Strong, S.R. & Matross, R.P. (1973). Change processes in counseling and psychotherapy. *Journal of Counseling Psychology, 20*, 25-37.
Strong, S.R., & Claiborn, C.D. (1982). *Change through interaction: Social psychological processes of counseling and psychotherapy*. New York: Wiley.
多湖輝（1993）．まず動く―輝かしい人生をつかむために．東京：高木書房
Teyber, E. (2000). *Interpersonal process in psychotherapy: A relational approach* (4th ed.). Pacific Grove, CA: Brooks/Cole.
Teyber, E., & McClure, F. (2000). Therapist variables. In C.R. Snyder & R.E. Ingram (Eds.), *Handbook of psychological change: Psychotherapy process and practices for the 21st century* (62-87). New York: Wiley.
Turkat, I.D., & Meyer, V. (1982). The behavior-analytic approach. In P.L. Wachtel (Ed.), *Resistance: Psychodynamic and behavioral approaches* (pp. 158-184). New York: Plenum.
内山喜久雄（1988）．行動療法―講座サイコセラピー．東京：日本文化科学社
Vance, W.R., & Watson, T.S. (1994). Comparing anxiety management training and systematic rational restructuring for reducing mathematics anxiety in college students. *Journal of Col-*

lege Student Development, 35, 261-266.

Wachtel, P.L. (1980). What should we say to our clients?: On the wording of therapists' comments. *Psychotherapy: Theory, Research and Practice, 17*, 183-188.

Wachtel, P.L. (Ed.). (1982). *Resistance: Psychodynamic and behavioral approaches.* New York: Plenum.

Watkins, C.E., Jr. (1990). The effects of counselor self-disclosure: A research review. *The Counseling Psychologist, 18*, 477-500.

Watzlawick, P. (1978). *The language of change: Elements of therapeutic communication.* New York: Norton.

Watzlawick, P., Weakland, J.H., & Fisch, R. (1974). *Change: Principles of problem formation and problem resolution.* New York: Norton.

Weary, G., & Mirels, H.L. (1982). *Integrations of clinical and social psychology.* New York: Oxford.

Weeks, G.R., & L'Abate, L. (1982). *Paradoxical psychotherapy: Theory and practice with individuals, couples and families.* New York: Brunner-Routeledge.

Wolpe, J. (1958). *Psychotherapy by reciprocal inhibition.* Palo Alto, CA: Stanford University Press.

吉川悟・東豊（2001）．システムズアプローチによる家族療法のすすめ方．京都：ミネルヴァ書房

Zamostny, K.P., Corrigan, J.D., & Eggert, M.A. (1981). Replication and extension of social influence processes in counseling: A field study. *Journal of Counseling Psychology, 28*, 481-489.

ザイグ、K.（1993）．ミルトン・エリクソンの心理療法：出会いの3日間．（中野善行・青木省三、訳）大阪：二瓶社

Zlotlow, S.F., & Allen, G.J. (1981). Comparison of analogue studies for investigating the influence of counselors' physical attractiveness. *Journal of Counseling Psychology, 28*, 194-202.

●人名索引 (日本語)

アイヴィ 35
東豊 7, 35, 149
アドラー 2, 60, 63, 85, 147
アブリーゴ 50
アレン 11
イーガン 3, 10, 50
池見酉次郎 147
岩井寛 149
ウォルピ 2
内山喜久雄 148
エクマン 19, 20
エプストン 2
エリクソン 3, 15, 16, 124, 126, 127, 128
エリス 2
大谷彰 131, 150
大野晋 21
オドノヒュー 148
オブライエン 4
カーンバーグ 2
ガバード 145
キャバット・ジン 3
ギリガン 3
グッドマン 148
クライン 2
グラサー 2, 137, 138
グリーンバーグ 5
クレイボーン 11
ケーガン 139
コーミエー・L・S 3, 10, 11, 18, 26, 61, 76, 88, 145
コーミエー・W・H 3, 10, 11, 18, 26, 61, 76, 88, 145
ゴールドフリード 2, 147
コフート 2, 146
ザイグ 16
佐々木雄二 149
サルズマン 121
ジェイコブソン 3
シェルトン 117
シャピロ・F 3, 64, 65, 66
シュルツ 3
ジョウラード 68
ショーストラム 50
スキナー 3, 148
ストロング 11, 117
ズロットロウ 11
高石昇 3
多湖輝 60
ディミトリアス 19, 21
デボノ 60
成瀬悟策 3
パールズ 2, 146
バーン 2, 23, 117, 118, 122
バーンランド 23
パッソンズ 147
浜西正人 21
バルー 149
バンデューラ 3, 61, 102, 110
ビジョウ 3
ヒル 4
フェラーラ 72
ブラウン・L 3, 149
ブラウン・D 3, 149
ブラマー 50
フロイド 1, 2, 45, 116
フロム 51
ベアー 3
ヘイリー 3, 64, 65, 149
ベック 2, 149
ベンジャミン 2
ベンソン 3, 149
ボーエン 3
ホール・E・T 22
ホール・M・R 22
ホロウィッツ 73
ホワイト 2
マークス 3
マイクルズ 123
マイケンバウム 148
マイニューチン 3
マクミュリン 148
マザレラ 19, 21
マズロー 6
マダネス 3
マトロス 117
メイ 2, 39, 78
メラビアン 13
森田正馬 1, 2, 5, 7, 46, 130, 147, 149
ヤーロム 2
ユング 2
吉川悟 149
吉本伊信 2
ルーテ 3
レヴィー 117
ローゼン 16, 119
ロジャーズ 1, 2, 5, 7, 8, 9, 11, 12, 30, 32, 35, 68, 76, 77, 79, 83, 94, 116
ワツラウィック 3, 117, 118

●人名索引 (英語)

Anderson, C.M. 115
Ballou, M. 149
Bandura, A. 102, 110, 133
Bankart, C.P. 144
Benjamin, L. 72, 146
Berne, E. 117, 118
Bordin, E.S. 9
Brammer, L.M. 50
Carkhuff, R.R. 38
Claiborn, C.D. 10, 11, 117
Collins, R.J. 15
Corey, G. 83, 85
Cormier, L.S. 3, 10, 11, 16, 17, 22, 26, 30, 38, 41, 49, 61, 76, 88, 100, 106, 133
Cormier, W.H. 3, 10, 11, 16, 17, 22, 26, 30, 38, 41, 49, 61, 76, 88, 100, 106, 133
Corsini, R.J. 144
Dimitrius, J. 19, 21
Dreikurs, R. 85
Egan, G. 3, 10, 16, 22, 25, 41, 68, 103, 143
Ekman, P. 19
Ferrara, K.W. 72
Flemons, D. 59, 63
Gabbard, G.O. 145
Glasser, W. 137
Goldfried, M.R. 99, 147, 148
Goldstein, A.P. 5
Greenberg, L.S. 5, 9
Greenson, R.R. 9
Haley, J. 64, 126, 127
Hall, E.T. 17, 22
Hall, M.R. 17, 22
Havens, J.L. 26
Herman, J.L. 4, 96, 150
Hill, C.E. 4, 16, 41, 75, 76, 77, 130, 136, 143
Horowitz, M.J. 73, 100, 119, 123
Horvath, A.O. 9
Ingram, R.E. 102, 144
Ivey, A.E. 35, 47
Jourard, S.M. 68
Kagan, N. 139
Kanfer, F.H. 5
Kaslow, F.W. 96
Kernberg, O.F. 146
Levy, R.L. 117
Linehan, M. 150
MacKinnon, R.A. 121, 123
McMullin, R.E. 148
Mahoney, M.J. 130
Masters, J.C. 110

Mazzarella, M.　19, 21
Meador, B.D.　83
Mehrabian, A.　13
Meichenbaum, D.H.　148
Meyer, V.　60, 117, 122
Michels, R.　121, 123
Mosak, H.H.　85
Multon, K.D.　9, 136
Nagle, D.P.　136
Nikelly, A.G.　147
Norcross, J.　84
O'Brien, K.M.　4, 16, 41, 75, 76, 77, 143
O'Donohue, W.　148
O'Hanlon, W.H.　100
O'Leary, K.D.　88
Otani, A.　115, 116, 117, 119, 120, 126, 149
Patterson, C.H.　144, 145
Pope, B.　115, 118, 121
Rimm, D.C.　110
Rogers, C.R.　7, 8, 9, 76, 77, 83, 116
Rosenbaum, R.L.　100, 119
Rotter, J.B.　122
Salzman, L.　122
Shapiro, D.　53, 64, 148, 149
Shapiro, D.H.　53, 64, 148, 149
Shapiro, F.　53, 64, 148, 149
Shelton, J.L.　117
Snyder, C.R.　144
Stone, M.H.　21
Strong, S.R.　10, 11, 117
Teyber, E.　9, 115
Turkat, E.　117, 122
Wachtel, P.L.　115, 130
Watkins, C.E., Jr.　68, 144
Watzlawick, P.　59, 60, 117
Weary, G.　10
Wolpe, J.　148
Zamostny, K.P.　10
Zlotlow, S.F.　11

●事項索引

あ
あご　19, 20
脚（足）18
頭　15, 17, 28, 31, 40, 81, 82, 88, 101, 106, 129
アドバイス　26, 54, 57, 136, 137
アビリティー・ポテンシャル　61
安心できる場　26, 41, 94

い
EMDR　3, 148
言い換え　26, 31, 35, 36, 37, 38, 40, 67, 70, 126, 127, 137
意図的応答　57
印象管理　10

え
A-B-Cモデル　86, 88, 89, 90, 94, 96, 97, 99, 100, 103, 105, 106
エキスポージャー　3, 143, 144, 148
エキスポージャー技法・療法　3, 143, 144, 148
エビデンスに基づくカウンセリング　144

お
おうむ返し　32, 73, 75
応用行動分析　3
オペラント条件づけ　3, 148, 145
「思う」　31, 36, 31

か
解釈　41, 49, 50, 51, 52, 53, 145, 146
カウンセリング理論　2, 3, 4, 5, 82, 83, 85, 99, 143, 144, 145, 146, 150
過去、カウンセリング経験　29, 40, 95
過去、問題解決の試み　94
可視反応　87
家族療法　3, 59, 64, 96, 126, 145, 149
肩　15, 16, 17, 18, 93, 111
価値観　3, 7, 14, 23, 47, 50, 101, 103, 105, 114
活動技法　3, 41, 49, 54, 57, 63, 77, 79, 97, 115, 125, 126, 127, 128, 131, 133, 135, 136, 138, 141
寡黙　60
体つき　16, 17, 21, 23, 132
観察　13, 14, 15, 16, 17, 18, 19, 21, 23, 46, 131, 132, 133, 141
感情　30, 31, 32, 33, 34, 35, 36, 37, 38, 40, 86, 87
感情集中療法　5
感情反映　26, 29, 30, 31, 32, 34, 35,

36, 37, 38, 40, 63, 67, 68, 70, 125, 126, 135, 146
鑑定　82
緘黙　75, 76, 77

き
既往症　96
きっかけ（A）88, 92, 93, 94
技法を取り巻く諸条件　7, 12, 77, 86, 117
逆説、技法　3, 83, 106, 125, 126, 127, 128, 146, 149
逆説、効果　3, 83, 106, 125, 126, 127, 128, 146, 149
逆説、療法　3, 83, 106, 125, 126, 127, 128, 146, 149
キャリア・カウンセリング　4, 136
共感　7, 8, 9, 17, 23, 50, 66, 68, 70, 79, 89, 94, 97, 124, 125, 127, 135, 145, 146
共感的理解　7, 8, 68, 97, 125
強迫型性格　73
強迫障害　143, 144
禁煙　63, 103, 107, 108, 109, 111, 112, 113, 114
均一性文化　14, 15

く
口元　19, 20

け
傾聴　3, 25, 26, 27, 35, 38, 40, 41, 125
傾聴技法　3, 25, 26, 38, 40, 41, 42, 46, 47, 49, 54, 63, 67, 70, 79, 89, 115, 125, 131, 135, 136, 137, 138, 141, 146
系統的脱感作　2, 148
ゲシュタルト療法　2, 83, 145, 147
結末（C）88, 93, 94
現実療法　2, 137, 145
現状（B）88, 90, 92, 93, 94

こ
構成要素　87, 88, 91, 99, 105, 106
行動　86, 87, 88, 89, 91, 92, 93, 94
行動理論　2, 26, 37, 38, 54, 59, 61, 82, 83, 84, 85, 88, 89, 97, 99, 110, 115, 116, 117, 118, 122, 138, 143, 148, 149
交流分析　2, 85, 117, 118, 122, 126, 145, 147
声　13, 14, 15, 16, 17, 21, 23, 28, 33, 34, 37, 39, 43, 44, 47, 48, 52, 53, 56, 64, 65, 66, 67, 74, 132, 138
コーピング　109, 112, 113
個人心理学　2, 60, 63, 85, 147
語調反応　14, 59, 63, 65, 66, 67, 73, 79

さ
災禍歴　96
最終目標　103, 104, 105, 106, 107, 109,

索 引

110, 111, 113, 114
サイバネティックス的思考 118
催眠療法 3, 59, 126, 149
査定 82, 85, 147

し
時間概念 16, 17, 22, 23, 132
時間的要因 87, 105
自己愛人格障害 146
自己一致 7, 8, 9, 11, 32
思考 26, 27, 31, 35, 36, 37, 38, 86, 87, 88, 91, 92, 93, 94, 97, 99
自己開示 11, 59, 68, 69, 70, 71, 79, 125, 126
自己効力感 61, 102, 110, 138
自己実現 83, 99, 100, 130
自己心理学 2
自己対話 112, 148, 113
システム理論 3, 83, 85, 116, 149
失感情症 71, 77
実存・人間主義的の理論 2, 100, 146
実存療法 2, 83
疾病利得 82, 96, 108
社会影響理論 9, 10, 117, 125
社会的影響条件 9, 12
社会的強化 3
社会的権ш 11
授業構成 130
熟練性 10, 11, 12, 117, 125
手腕 18
準言語要因 17, 132
純な心 7
条件づけ、オペラント 3, 145, 148
条件づけ、レスポンデント 148
条件づけ抑制 148
照準行動 110
饒舌 38, 60, 119, 120
情動 5, 6, 12, 19, 20, 26, 30, 31, 33, 38, 73, 74, 87, 88, 91, 92, 93, 94, 97, 99, 105, 121
情報過負荷 55
情報提供 41, 54, 55, 56, 57, 62, 63, 66, 67, 75, 89, 125, 126, 136
小目標 104, 109, 110, 112, 113, 114
助言 54, 57, 68, 146
自律訓練法 3, 6, 149
進行過程 1, 3, 4, 5, 13, 45, 59, 81, 102, 115, 143, 149, 150
身体言語 17, 19, 132, 133
身体スペース 16, 17, 22, 23, 132
身体特徴 16, 17, 21, 23, 132
診断 56, 77, 81, 82, 96, 78
心的外傷後ストレス障害 (PTSD) 4, 71, 96
信頼性 10, 11, 12, 117, 125
心理テスト 1, 82

す
水平思考 60

せ
精神交互作用 2
精神分析 1, 2, 3, 4, 50, 51, 64, 116, 117, 118, 145, 146, 147
生理 86, 87, 88, 91, 92, 93, 94, 97, 99, 108, 132
生理反応・反射 21
折衷主義 84, 145
折衷的アプローチ 84
セルフ心理学 146
セルフトーク 113, 148
漸進的近似法 110
漸進的筋肉弛緩 2, 6
専門的関係 123
戦略的療法 3, 59, 83, 149

た
対象関係理論 2
対人関係療法 2, 146, 149
対人相互理論 117
タイミング 26, 31, 51, 69, 71, 79
多様性文化 14, 15
段階のセラピー 4, 150
探索 41, 42, 43, 44, 45, 49, 89, 90, 125, 126, 136, 146
探索、開放型 42, 43, 44, 45, 89, 90, 105, 126
探索、閉鎖型 42, 43, 44, 45, 49, 89, 136
単時性 16, 22

ち
重複関係 123
沈黙 28, 32, 33, 37, 39, 42, 44, 48, 52, 56, 59, 75, 76, 77, 78, 79, 115, 119, 120

て
抵抗 115, 116, 117, 118, 119, 120, 121, 122, 123, 124, 125, 126, 127, 128, 131, 139, 140, 141, 145
抵抗、カウンセラー阿諛・追従 120, 122
抵抗、カウンセラー軽視 120, 122
抵抗、カウンセラー牽制 120, 122
抵抗、過去・未来集中 120, 121
抵抗、勘ぐり応答 120, 121
抵抗、感情顕示 120, 121
抵抗、個人的頼みごと 120, 123
抵抗、時間切れ打ち明け 120, 122
抵抗、自己責任回避 120, 122
抵抗、支払い拒否・滞納 120, 123
抵抗、修辞的発言・質問 120, 121
抵抗、症状執着 119, 120
抵抗、饒舌・多弁 119, 120
抵抗、処置 77, 103, 109, 124, 127, 139, 140, 141
抵抗、世間話 119, 120
抵抗、知の会話 119, 120
抵抗、沈黙・黙秘 120
抵抗、二枚舌応答・虚言 120, 122
抵抗、一言・無愛想反応 119, 120
抵抗、分類 1, 4, 21, 22, 77, 82, 88, 116, 119, 120, 128, 144, 145, 147, 150
抵抗、誘惑的態度・行動 120, 122
抵抗、予約トラブル 120, 123
的確性 81, 82, 84, 85, 86, 87, 88, 89, 90, 91, 92, 93, 94, 96, 97, 99, 103
テスト不安 90, 91

と
動機・欲求の反映 32, 33, 50, 77, 101, 109, 110, 114, 115, 117, 119, 124
洞察期 4, 41
特定性 81, 82, 84, 85, 86, 87, 89, 90, 91, 92, 93, 94, 96, 97, 99, 103
特定の状況・目的 4

な
内観法 2
ナラティブ療法 2

に
2次収穫 108, 109, 111, 112, 113, 114
人間中心、療法 1, 2, 4, 5, 7, 12, 30, 83, 101, 116, 145
人間中心、理論 1, 2, 4, 5, 7, 12, 30, 83, 101, 116, 145
認知行動療法 2, 146, 148
認知再構成法 147
認知モデリング 147, 148
認知療法 2, 53, 59, 147, 148, 149, 150
認知理論 2, 5, 147, 148

の
能力潜勢 61

は
話し振り 16, 17, 21, 23, 132
反復 59, 71, 72, 73, 74, 75, 79, 123, 136

ひ
非協調 117, 118, 119, 122, 123, 124, 125, 126, 127, 128, 138, 139
非言語、行動 10, 11, 13, 14, 15, 16, 17, 18, 20, 21, 22, 23, 45, 63, 65, 119, 131, 132, 133, 138, 139, 141, 147
非言語、要素 10, 11, 13, 14, 15, 16, 17, 18, 20, 21, 22, 23, 45, 63, 65, 119, 131, 132, 133, 138, 139, 141, 147
非言語、要素の観察訓練 132
ヒステリー型性格 73
ビデオ 138, 139, 141
評価 82, 84, 91, 104, 107, 108, 111, 131, 134, 140, 141, 144

表現態度 46, 53, 120
表情 13, 14, 15, 16, 17, 19, 20, 21, 22, 23, 45, 47, 70, 74, 132, 133, 138, 139
非倫理的行為 144

ふ
フィードバック 15, 25, 27, 30, 33, 34, 38, 40, 46, 53, 54, 63, 102, 118, 127, 134, 139, 141
フェミニスト療法 3, 149
不可視反応 87
複時性 16, 22
プラス思考 60
フラディング 3
文化的背景 15, 103
文化的無意識 23
文化の多様化 15
分析的理論 2, 100, 145

へ
米国での技法訓練 4, 22, 83, 130, 131
弁証法的セラピー 150
変則的コミュニケーション 118, 126

ま
眉 19, 20

み
身振り 13, 16, 17, 18, 19, 21, 22, 23, 45, 132
魅力性 10, 11, 12

む
無意識 2, 14, 20, 23, 45, 50, 53, 100, 116, 145, 146
無意識の意識化 2, 100, 146
矛盾提示 14, 41, 45, 46, 47, 48, 49, 57, 62, 63, 66, 70, 71, 133
無条件の肯定的配慮 9

め
目 19, 21
明確化 26, 27, 28, 29, 30, 33, 34, 38, 40, 42, 43, 71, 73, 89, 109, 135, 137, 141
瞑想法 3, 6

も
目標設定 41, 99, 100, 101, 102, 103, 104, 105, 108, 109, 111, 113, 114, 115, 131, 133, 135, 137, 138, 140, 141, 143
目標、具体化・現実化 104, 106, 107, 111, 114
目標、現実化 104, 106, 107, 111, 114
目標、現実性 103, 104, 107, 110, 114
目標、細分化 110, 114
目標、設定 41, 99, 100, 101, 102, 103, 104, 105, 106, 107, 108, 109, 110, 111, 112, 113, 114, 115, 131, 133, 135, 137, 138, 140, 141, 143
目標、利益・損失 107, 111, 114
模倣学習 133, 135, 137, 141
森田療法 1, 2, 5, 7, 46, 147, 149
問題定義 79, 81, 82, 83, 84, 85, 86, 87, 88, 89, 90, 91, 93, 94, 96, 97, 99, 103, 105, 114, 131, 135, 137, 138, 140, 141, 143
問題に対する反応 96

よ
容姿 11, 16, 17, 21, 23, 132
要約 26, 38, 39, 40, 64, 135, 137
抑圧 115, 116

ら
ライフ・スタイル 85
ラポール 1, 11, 25, 26, 27, 40

り
力動的理解 3, 41
理性感情行動療法 2, 145
リフレーミング 59, 60, 61, 62, 63, 79, 147
リフレーミング・ネガティブ 60, 62, 63, 134
リフレーミング・ポジティブ 7, 9, 60, 61, 62, 124, 134, 138, 141
倫理 104, 123, 137, 144
倫理違反 123

ろ
ロールプレー 131, 136, 137, 138, 139, 140, 141

著者紹介

大谷　彰　おおたに　あきら

　1955年（昭和30年）大阪生まれ。大阪明星高校在学中、AFS（American Field Service の略称で、高校生の交換留学を行なう財団法人）で米国オハイオ州に留学する。上智大学外国語学部英語学科を卒業後、米国西バージニア大学院にてカウンセリング心理学を学ぶ(教育学博士)。ジョンズ・ホプキンス大学助教授（1986〜1989）、メリーランド州の臨床心理士資格認定委員会副委員長を経て、現在メリーランド大学カウンセリングセンター主任サイコロジスト、京都ノートルダム女子大学客員教授。専門はカウンセリング技法、キャリア理論、および臨床催眠。現在、米国でカウンセリングの実践にたずさわりながら、日米で幅広く講義や研修を行なう。メールアドレスは aotani@umd.edu

カウンセリングテクニック入門

2004年3月10日　第1版　1刷
2017年7月31日　　　　　6刷

著　者　　大谷　彰
発行所　　有限会社二瓶社
　　　　　TEL 03-4531-9766
　　　　　FAX 03-6745-8066
　　　　　郵便振替 00990-6-110314
　　　　　e-mail: info@niheisha.co.jp
印刷製本　株式会社シナノ

万一、落丁乱丁のある場合は小社までご連絡下さい。
送料小社負担にてお取替え致します。
定価はカバーに表示してあります。

ISBN 978-4-86108-011-1　C3011